취업 비밀노트

회사 입장에서 생각해라

취업 비밀노트

회사 입장에서 생각해라

김인범 · 이승찬 · 최용준 지음

이담 Books

취업을 준비하는 사람들은 최근 채용 시장의 변화에 대해 민감하게 반응하고 준비해야 한다. 취업이 어렵다고 자조적인 말을 하는 것보다는 취업이 어렵게 된 본질적인 원인을 알고 이에 대비해야 한다.

한국의 경제 성장이 고용 창출이 없는 저성장의 시대로 접어들면서 채용 시장의 변화는 크게 3가지 특징으로 요약할 수 있다.

첫 번째는 대규모 신입사원 채용에서 소규모 경력자 위주의 채용으로 바뀌고 있다는 것이다. 이는 대졸 신입사원의 취업문이 점점 좁아지는 가장 큰 원인이기도 하다. 지금의 경영환경 자체가 무한 경쟁에서 경쟁할 수밖에 없는 글로벌 시대이기 때문에 기업 입장에서 보면 조직 성과와 생존이라는 측면에서 바로 활용할 수 있는 경력사원을 더 선호할 수밖에 없다.

두 번째는 면접 방식의 변화이다. 과거에는 이력서 내용 중심으로 질문을 하는 면접을 진행했다면 최근에는 객관적으로 상대 비교할 수 있는 방식으로 면접 유형이 바뀌고 있다. 구직자들은 이 새롭게 바뀌고 있는 면접 유형과 방법에 대해서 알고, 준비를 해야 한다.

세 번째는 기업들이 "사람은 많은데 쓸 만한 인재가 없다"라고 이야기한다는 것이다. 기업에 취업하려는 구직자는 많아도 기업에서 요구하는 자질과 재능을 가진 인재가 많지 않다는 것이다. 그러다 보니 쓸 만한 인재를 끌어오기 위해서 기업들은 서로 인재전쟁을 하게 되고, 쓸 만한 인재만 기업을 선택할 수 있는 폭이 커지는 결과를 가져 왔다. 결국 기업으로부터 인정받지 못하는 구직자만 취업의 문이 더욱 좁아질 뿐이다.

채용 방식	대규모 채용	경력자 소규모 채용	조직의 성과 중시
채용 방법	비구조적 면접 방식	구조적 면접 방식 (객관적인 방법 사용)	• 조직과의 정합성 확보 • 채용에 대한 인식 제고
채용 결과	보통 사람 채용	인재의 중복 채용 (신입사원 이직률 증가)	기업에서 원하는 인재의 한계성

이러한 채용 시장의 변화가 채용 시장의 규모를 축소시키는 원인이다. 이런 환경의 변화 때문에 취업을 준비하는 구직자들은 자신이 원하는 회사나 하고자 하는 업무에 맞게 취업을 준비하지 못하면 추락의 끝이 보이지 않게 된다.

본인이 원하는 회사에 입사를 하고자 한다면 그만큼 준비하는 것이 옳은 길임에도 어떻게 준비해야 하는지 모르는 사람이 많은 것 같아 항상 아쉬운 마음이 든다.

취업 준비를 위해서 어학연수를 갔다 오고, 영어 시험 점수를 높이고, 모의 면접에 참가하고, 이력서 쓰는 방법을 배운다고 취업 준비를 제대로 하고 있다고 생각하면 곤란하다. 최근에 취업 준비하는 사람치고 영어 성적이 낮거나 이력서 쓰는 방법을 모르는 사람은 거의 없기 때문이다. 많은 대학에서 취업 관련 특강도 하고 모의 면접도 진행하면서 취업 노하우를 학생들에게 알려주고 있다. 그렇지만 취업을 하기 위한 기술을 배우는 것보다도 자신이 무엇을 원하고 무엇을 하고 싶은지를 아는 것이 더욱 중요하다. 자신이 무엇을 바라는지 알고 있다면 그 바라는 무엇을 이루어내기 위해서 무엇을 준비해야 하는지를 알 수 있기 때문이다.

무조건 대기업에 입사하고자 하는 사람은 자신의 목적보다는 타인의 이목을 중시하기 때문에 계속 취업에 실패하는 것이다. 자신을 알아가는 과정은 쉽지 않지만, 끊임없이 자신의 내면에 있는 자아를 일깨워서 자신이 누구인지를 아는 것이 취업의 시작이라고 할 수 있다. 자신을 알아가는 과정은 순전히 개인의 몫이기 때문에 그 방법론에 대해서는 더 이상 이야기하지 않겠다. 하지만 자신을 알게 되면 현재 환경에서 내가 무엇을 해야 하고 무엇이 필요한지가 명확해지기 때문에 자신을 돌아보는 시간을 먼저 갖기를 바란다.

자신이 누구인지를 알게 되면 비로소 취업에 대한 올바른 준비를 할 수 있게 된다. 이 책은 그 올바른 준비를 위한 기초를 만들어 주기 위해서 취업을 준비하는 사람들에게 회사의 입장에서 필요한 것이 무엇인지를 알려 주고, 회사에서 필요한 그 무엇에 대해서 어떻게 준비를 해야 하는지를 명확하게 이야기하고 있다. 기술적인 방법론도 있고, 취업이라는 관문을 지나기 위한 마음가짐에 대한 이야기도 있다.

　원하는 것을 이루기 위해서는 진실된 자신감이 필요하다. 이 책에서 이야기하고 있는 취업을 위한 마음가짐과 방법론이 당신에게 자신감을 가져다 줄 것이라고 믿는다.

　자신감은 올바른 준비를 하는 사람만이 가질 수 있는 특권이다. 그래서 올바른 준비가 어떤 것인지를 여러분에게 이야기하고 싶은 것이다. 많은 사람이 올바르게 준비해서 원하는 회사에 취업하기를 기원하기 때문에 정말로 하고 싶은 말이 많다.

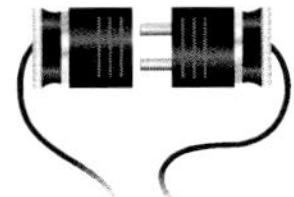

취업이 어렵다고 이 회사 저 회사 무조건 지원하는 것이
정당한 판단이라 생각할 수 있겠지만 길게 보면 개인의
경력관리에서 오점이 될 수 있다.

취업이 어렵다고 이 회사 저 회사 무조건 지원하는 것이 정당한 판단이라 생각할 수 있겠지만 길게 보면 개인의 경력관리에서 오점이 될 수 있다. 그냥 아무 회사나 입사하게 되면 다시 취업을 준비해야 하는 경우가 발생할 수 있다. 회사를 선택할 때 신중함이 요구되는 것은 인생을 길게 봐야 하기 때문이다. 한 회사에 입사해서 자신이 원하는 전문 역량을 쌓기 위해서라도 회사와 일에 대한 선택에는 많은 생각이 요구된다.

지원자는 취업하고자 하는 회사와 지원자 간의 정합성이 있는지 없는지를 먼저 따져 봐야 한다. 지원자 입장에서 보면 대기업이라고 또는 공기업이라고 해서 무조건 좋은 회사는 아니다. 지원자하고 궁합이 맞는 회사가 좋은 회사인 것이다. 그러면 회사와 지원자가 궁합이 맞는지 여부를 판단하려면 어떻게 해야 하는

지 의문이 들 수 밖에 없는데, '이렇게 판단해야 한다'라고 정의할 수는 없다. 그렇다고 개인의 느낌으로 판단을 해야 한다고 말하는 것은 아니다.

지원자들은 취업을 준비할 때가 되면, 어떤 회사를 선택할 것인지 고민하게 된다. 처음 취업이라는 고민에서 선택한 회사가 회사와의 정합성을 판단하는 가장 기초적인 기준이 될 수 있다. 그 선택의 기준이 자신이 처한 환경과 자신의 능력 정도가 어느 정도인지를 가늠해 보고 회사를 판단하기 때문에 충분히 회사와의 정합성을 따져보았을 것이다. 이러한 판단을 근거로 다른 회사와의 정합성 여부도 판단할 수 있을 것이다.

회사와의 정합성을 알아볼 수 있는 또 다른 방법은 본인의 성향과 선택한 회사와의 조직문화의 정합성을 알아보는 방법이다. 그렇다면 회사의 조직문화를 어떻게 알 수 있을까?

대기업을 지원한다면 일반적으로 해당 기업의 조직문화에 대해 아는 사람은 다 알고 있기 때문에 쉽게 정보를 얻을 수 있다. 공공기업에 대해서는 별도로 이야기를 하지 않더라도 취업에 관심이 있는 사람들은 공공기업의 문화에 대해서는 다 알고 있을 것이다. 그렇지만 일반적으로 알려져 있는 조직문화라고 하더라도 대기업은 대기업 계열사마다 다른 조직 문화를 가지고 있다. 그리고 중견기업 수준이나 소규모 기업인 경우에는 기업문화에 대해서 잘 알려진 바가 없기 때문에 지원자는 조직문화를 파악하기 위해서는 발품을 팔아야 한다. 채용이 되기 전에 어떤 지원자는 자신이 지원한 회사를 방문해서 회사에 대해서 피상적으로 알고 있던 내용과 일반적으로 알려지지 않은 내용에 대해서 회사 직원들에게 많은 질문을 하고, 심지어 사무실까지 방문해서 회사의 분위기를 느끼기 위해서 노력을 했다고 한다. 이런 노력이 자신과 회사의 정합성을 알아보기 위한 노력이라고 할 수 있다. 그 지원자는 회사에 대해서 알려진 내용보다는 자신이 직접 느끼는 정보를 토대로 어떤 회사인지를 알아본 것이다. 지금 그 지원자는 당연히 그 회사의 직원이다. 물론 이런 방법을 꼭 사용하라고 말하는 것은 아니다. 회사와 지원자간의 정합성을 알아보기 위해서는 최소한 이 정도 노력 정도는 해야 할 필요가 있다고 이야기하는 것이다.

자신이 어떤 일을 하고 싶은지도 고민해야 한다. 전공에 맞게 직업을 선택하는 것도 좋지만, 자신이 하고 싶은 일이 전공과 맞지 않더라도 즐겁게 할 수 있는 일이라면 그 직업을 선택하는 것이 바람직하다. 대학 진학할 때 자신의 적성을 고민하여 전공을 선택한 사람들도 있지만 다른 요인으로 인해 자신이 원하는 전공을 선택하지 않은 경우도 많기 때문이다. 즉 전공과 자신이 좋아하는 일이 동일하다고 말할 수는 없다. 취업은 인생에서 두 번째 선택의 순간이 찾아온 것이라 할 수 있다. 실제로 자기가 마음속 깊이 가지고 있는 하고 싶은 일에 대한 욕구를 끄집어내야 한다. 그 욕구를 충족시킬 수 있는 일을 찾아서 선택하는 것이 개인과 회사에 도움이 된다.

인사 업무를 예를 들어 보자(필자는 인사 업무만 10년 넘게

해서 다른 분야보다는 인사 업무만큼은 전문가라고 자부한다).
이유는 알 수 없지만 아직도 인사 업무를 아무나 할 수 있는 쉬운
업무로 생각하는 사람이 많은 것 같다. 회사 직원들뿐만 아니라
대부분의 지원자들도 인사 업무를 쉽게 생각하는 것 같다. 그런
생각이 드는 이유는 다른 업무보다 인사 업무에 지원하는 지원자
들이 상대적으로 더 많고, 지원한 수많은 지원자 중에 인사와 무
관한 지원자들이 많기 때문이다.

인사 업무가 쉽다면 쉽다고 할 수 있다. 어렵다 하더라도 본
인이 꼭 하고 싶은 업무라면 입사해서 배우면 된다. 중요한 것은
인사 업무를 정말로 본인이 원하는지 고민하고 또 고민해서 결정
해야 한다는 것이다. 모 회사의 대리는 입사할 때 인사 업무를 하
고 싶다고 강하게 의사 표현하여 인사부로 배정했다. 하지만 지금
은 영업부서에서 근무하고 있다. 입사 당시에 막연한 생각으로 인
사 업무가 쉽게 느껴져 인사부를 지원한 것인데 시간이 갈수록 본
인과 맞지 않다는 것을 알게 된 것이다. 본인의 욕구는 영업에 있
는데도 피상적으로 생각했기 때문에 인사 업무에 지원한 것이다.
이는 개인과 회사 모두에게 손해인 것이다. 회사는 한 사원을 채
용해서 몇 년 동안 인사 전문가로 키우기 위해 투자한 비용이 물
거품이 되는 것이고, 개인도 경력관리에서 몇 년 동안을 허송세월
로 보내게 된 것이다. 이러한 낭비를 사전에 막기 위해서라도 하
고 싶은 업무에 대해서는 고민을 해야 한다.

회사 그리고 업무에 대해서 많은 고민을 하고 나서 직장을

선택하면 입사 관문을 남보다는 쉽게 넘을 수 있다. 본인이 원하는 회사와 원하는 업무에 지원하면 자신감을 가질 수 있는 기반을 만들 수 있기 때문이다.

마지막으로 한 마디만 더 하면, 지원서를 작성하든 면접을 준비를 하든 본인의 생각만을 담지 말아야 한다. 철저하게 회사의 입장에서 나를 바라볼 수 있는 시각을 가져야 한다. 회사에서 요구하는 조건에 맞는지를 검토해 보고, 그 차이가 있다면 어떻게 그 차이를 극복할 것인지 생각하고 취업 준비를 해야 한다. 입사하기 위해서는 가장 중요한 이야기이지만, 아무도 그 방법에 대해서는 이야기를 하지 않은 것 같다.

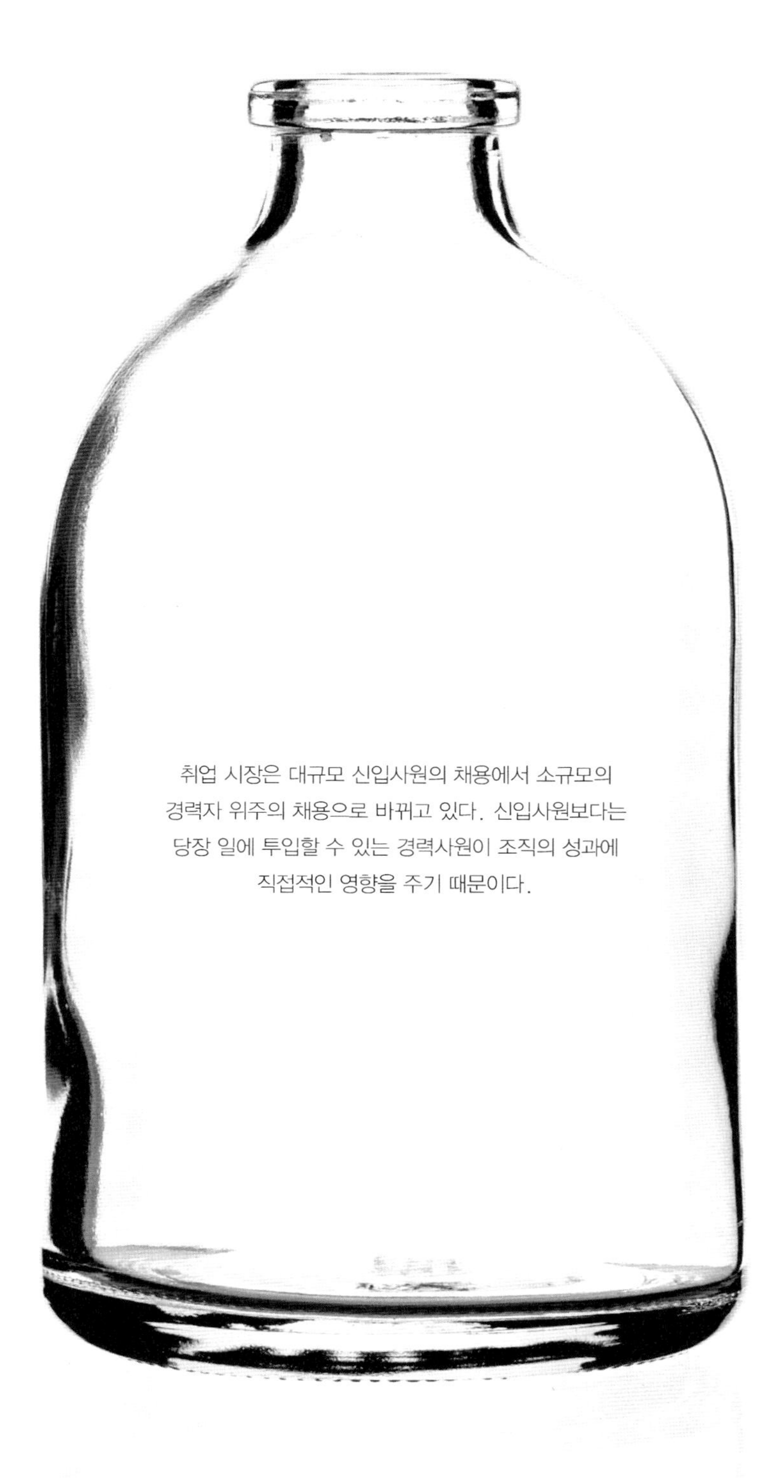

취업 시장은 대규모 신입사원의 채용에서 소규모의
경력자 위주의 채용으로 바뀌고 있다. 신입사원보다는
당장 일에 투입할 수 있는 경력사원이 조직의 성과에
직접적인 영향을 주기 때문이다.

　　구직자들이 취업을 하기 위해서 제일 먼저 해야 하는 것은 회사에 지원할 입사지원서를 작성하는 것이다. 입사 지원서는 회사마다 양식이 약간씩 다르지만 대부분은 공통된 내용을 요구한다. 개인 이력 내용은 양식이 요구하는 대로 작성하면 되는데, 문제는 자기소개서이다. 자기소개서는 개인의 특정한 정보를 요구하지 않고 글의 주제만을 주기 때문에 지원자가 자신의 생각과 논리를 가지고 자신의 역사와 경험을 토대로 작성해야 한다.

　　취업 준비생들은 회사에서 요구한다고 해서 자기 소개서를 아무 생각 없이 작성하는 것이 아니라, 회사에서 자기 소개서를 요구하는 본질적인 이유에 대해서 생각을 해 보고 작성을 해야 한다. 입사 지원서는 회사에 입사하기 위한 첫 번째 관문이다. 일반적인 이력은 요즘 말하는 어느 정도의 스펙만 있으면 다른 후보자와 크게 차별성이 없다. 지원자의 차별성은 자기소개서에서 나타난다. 지원자들은 설마 회사의 인사담당자가 자기소개서를 꼼꼼히 읽어보겠냐고 생각할지 모르겠지만, 회사의 인사담당자가 가장 중요하게 보는 것이 자기소개서이다. 직무에서 요구되는 조건은 일반적인 이력내용으로도 판단이 되지만, 정말 우리 회사에 맞는 인재인지를 판단하는 기준은 일반적인 이력 내용을 보고는 잘 알 수가 없기 때문에 자기소개서를 보고 판단한다. 회사에서 자기소개서를 요구하는 본질적인 이유는 우리 회사와 정합성이 있는 인재인지를 판단하기 위해서이다. 그렇기 때문에 지원자들은 천편일률적인 내용으로 자기소개서를 채울 것이 아니라 자기가 지원하는 회사에서 요구하는 인재상에 맞게 자기소개서를 작성해야 한다.

서류 전형 심사 시 수많은 자기소개서 내용이 너무나도 비슷하고 도대체 무슨 말을 하고 싶어 하는지 분간이 안가는 내용이 매우 많다. 이렇게 이야기하면 지원자 입장에서는 기분이 나쁠 수도 있겠지만, 내용이 빈약한 자기소개서는 바로 탈락의 원인이 된다. 내용이 빈약하다는 것은 내용의 양적인 부분을 이야기하는 것이 아니다. 내용이 많다고 해서 그 자기소개서가 잘 작성된 내용이라고 볼 수 없다. 비록 분량이 많지는 않아도 채용 담당자가 보고자 하는 내용이 잘 정리되어 있으면 그 자기소개서가 질적으로 차별성이 있는 것이다.

이렇듯 채용 담당자가 자기소개서 내용에 많은 비중을 두기 때문에, 지원자들은 자기소개서 작성에 많은 노력과 시간을 투자해야 한다.

차별성 있는 입사 지원서를 작성하기 위한 선결 조건은 기본에 충실해야 한다는 것이다. 입사 지원서에서 요구하는 내용은 빠짐없이 작성해야 한다. 채용 담당자는 입사 지원서 내용이 하나라도 누락된 지원서 자체는 아예 탈락시킨다. 수많은 입사 지원서를 보는 담당자는 내용이 누락된 지원서를 볼 시간적인 여유가 없을 뿐만 아니라 지원서 내용을 누락한 지원자는 입사하겠다는 의지가 없는 것으로 판단하기 때문이다. 이는 선택과 집중이라고 할 수 있는데 채용 담당자는 허술한 입사 지원서를 보느니 차라리 내용이 알찬 지원서에 집중하는 것이 낫다고 생각한다. 사실 맞는 말이다. 일상생활에서도 선택함에 있어서 조금 더 가치가 있다고 생각하는 일에 집중하는 것이 당연하다. 물론, 회사에서 요구하는 입사 지원서 양식에 지원자가 작성할 수 없는 내용도 있다. 신입사원인 경우에는 경력사항을 작성할 수는 없다. 입사 지원서에 작성할 수 없는 내용은 당연히 작성을 하지 말아야 한다. 괜히 부풀려서 작성하면 면접과정에서 발각될 수도 있고, 허위 작성으로 인하여 입사가 취소될 수도 있다. 기본에 충실해야 한다는 것은 내가 가지고 있는 배경과 경험을 있는 그대로 솔직하게 작성하라는 것이다.

　　입사 지원서 작성은 두 가지 부문으로 나누어진다. 개인 이력 내용과 자기소개서로 구분 지어서 작성해야 하는데, 개인 이력 내용에는 출신학교, 학점, 가족사항 등 일반적으로 개인의 배경이라고 할 수 있는 내용을 작성해야 한다. 개인 이력 내용을 작성하는 데 있어 지원자들이 어렵게 느낄 만한 것은 없다. 다만, 개인 이력 내용을 작성하는 데 있어서도 지원하는 회사가 요구하는 내용에 먼저 부합해야 서류 전형에 합격할 수 있다. 예를 들면, 수출부서의 직원을 뽑는다는 것은 외국어를 일정 수준 이상 할 수 있는 지원자를 선발하겠다는 이야기이다. 당연히 본인이 외국어를 일정 수준 이상 할 수 있어야 지원이 가능하다. 회사가 요구하는 내용에 지원자가 부합이 되는지를 판단하고 입사 지원서를 작성해야 서류전형에 합격할 수 있다. 그리고 기본 이력 내용 중에서도 채용 담당자들이 중요하게 생각하고 꼭 체크하는 내용이 있다는 것을 알아야 채용 담당자의 입맛에 맞게 입사지원서를 작성할수 있게 된다.

지원 분야는 지원자가 회사의 채용공지 내용과 상관없이 하고 싶은 업무를 적는 공간이 아니다. 그런데 분명히 회사에서는 채용 공고를 낼 때 채용 분야를 공지하였는데도 사전 공지한 분야가 아닌 다른 분야를 지원하는 지원자들이 종종 있다. 그 지원자는 절대로 입사할 수 없다. 채용 담당자는 지원자가 진정으로 취직을 할 생각이 있어서 지원했다면 제대로 지원 분야를 기재할 텐데, 공지도 하지 않은 분야를 자기 마음대로 썼다는 것은 무조건 입사를 하고 보자라는 생각을 가진 지원자라고 판단한다. 아주 사소한 것 같지만 이런 사소한 내용으로 서류 전형에서 탈락하는 것이다. 당연히 지원 분야는 회사가 사전 공지한 지원 분야 중에서 선택해서 작성해야 한다. 회사가 사전 공지한 지원 분야 중에서 지원자가 원하는 지원 분야가 없으면 지원하지 않는 것이 시간 낭비를 줄이는 것이다.

희망연봉 수준을 적을 때도 그렇다. 대기업이라고 같은 수준의 연봉을 주는 것이 아니다. 산업마다 차이가 있고 같은 산업이라도 회사마다 차이가 있다. 대기업 평균 연봉은 지원자가 지원하는 회사하고는 별로 관련이 없다고 해도 과언이 아니다. 그러면 희망연봉 수준을 어느 정도 수준으로 적어야 하는 것인지에 대해서 고민을 할 수 밖에 없는데, 그렇다고 빈 공란으로 비워두면 뭔가 허전한 느낌이 드는 것은 지원자나 채용 담당자나 마찬가지 일 것이다. 그렇다고 지원한 회사와 상관없는 연봉 수준을 적는 것은 지원자가 심심해서 회사에 지원했다는 이미지를 줄 수가 있다. 최근에는 인터넷 사이트에 취업 관련된 정보를 찾아볼 수 있는 곳이 꽤 있다. 회사의 연봉 수준도 대부분은 공유를 하기 때문에 아주 작은 노력을 기울이게 되면 충분히 알 수 있는 정보이다. 단, 그 정보가 최신 정보인지 확인을 해야 한다. 과거 데이터는 의미가 없다. 어쩌면 해당 회사의 홈페이지를 방문하게 되면 쉽게 알 수도 있을 것이다. 그래도 정보를 알 수 없다면 최소한 회사 내규에 따르겠다고 쓰는 것이 낫다.

첨부하는 사진은 진실성이 있어야 한다. 사진은 명함판 규격을 요구하는 것이 일반적인데, 되도록이면 요구하는 사진 규격에 맞게 제출해야 한다. 요구하는 사진 규격에서 벗어나면 제출하는 지원자들은 못 느끼겠지만, 보는 채용 담당자 입장에서는 사진이 너무 작거나 클 수 있다. 이 역시 서류전형에서 탈락의 한 요인이 될 수도 있다.

지원자들은 신문이나 기타 매체를 통해서 첫 인상의 중요성을 많이 접했을 것이다. 채용 담당자 역시 지원자의 첫 인상을 매우 중요하게 생각하는데 당연히 입사 지원서에 첨부된 사진을 기준으로 평가를 하게 된다. 첨부된 사진이 밝은 모습의 사진이라면 호감이 가겠지만, 그렇지 못한 경우에는 마이너스가 된다는 것이 정설이다. 지원자들이 어떻게 생각할지 모르겠지만 채용 담당자가 한 명의 지원서 내용을 보는 시간은 매우 짧다. 검토하는 시간이 얼마나 짧은지 객관적인 시간에 대한 내용은 없지만, 경험이 많은 채용 담당자일수록 그 시간은 더욱 짧아진다. 그 짧은 시간에 채용 담당자가 제일 먼저 보는 것은 지원자의 사진이다. 그래서 지원자 입장에서는 사진에 대한 중요성을 인지하고 지원하고자 하는 회사의 조직 분위기에 맞는 사진을 첨부해야 한다. 그 회사의 조직 분위기가 약간은 보수적이라면 원칙주의에 맞는 이미지의 사진을 첨부해야 하고, 개방적이고 활발한 조직 분위기를 가지고 있는 회사라면 조금은 활동적인 이미지의 사진을 첨부하는 것이 유리하다. 사진 첨부 시 가장 주의해야 할 점이 있다면 절대로 포토샵을 사용하지 말라는 것이다. 포토샵을 이용해서 사진을 편집하면 그 노력과 기술을 인정해 주는 것이 아니라 회사를 기만하는 행동으로 간주를 하는 경우가 더 많기 때문이다. 사진 첨부에 있어서 가장 중요한 것은 사진이 가지고 있는 진실성이다. 회사에서는 지원자의 외모만으로 서류 전형을 하지는 않는다. 그렇기 때문에 자신감을 갖고 사진을 첨부해야 한다. 사진의 이미지는 밝게 하고 약간은 미소를 가지고 있는 모습이 제일 좋다. 그냥 보더라도 자신감이 묻어나는 이미지이기 때문이다.

　이메일 주소 입력도 전략적으로 접근할 필요가 있다. 대부분의 지원자가 일반적인 내용으로 입사 지원서를 작성하기 때문에 모든 지원서가 특별한 내용을 가지고 있지 않다. 그 말은 채용 담당자가 따분하게 느껴질 수 있다는 말인데, 입사 지원서가 따분할수록 서류 전형에 실패할 확률이 높다. 단순히 이메일 주소라고 생각하지 말고 지원자의 정체성이나 특별함을 이메일 주소에 담아야 한다. 이메일 주소를 단순히 지원자 이름의 이니셜로 만들게 되면, 같은 이름의 이메일 주소가 넘쳐나게 된다. 같은 이름의 이메일 홍수가 채용 담당자의 눈에 띄지 않는 것은 너무나도 당연하다. 그렇지만 이메일 주소가 본인이 평소 존경하는 위인(?)의 이름이라던가 좋아하는 꽃이라던가 별자리 등 조금이라도 다른 지원자와는 다르고 자신의 이미지를 나타낼 수 있는 것이라면 특별함이 눈에 보이게 된다. 이 특별함으로 자신의 이야기를 만들어 갈 수 있다.

　면접 과정에서 면접관은 지원자의 이메일 주소가 특별하면 이메일 주소가 가지고 있는 의미가 무엇인지 물어볼 수도 있다. 바로 그 순간이 당신이 가진 기회가 되는 것이다. 이메일 주소가 당신이 평소 존경하는 위인이라면 왜 당신이 그 위인을 존경하게 되었는지를 지원한 회사나 업무와의 관련성을 바탕으로 이야기를 해야 한다. 꽃이나 별자리라면 꽃의 의미나 별자리의 의미를 회사나 업무와 연관 지어 이야기 꽃을 만들어야 한다. 이메일 주소의 특별함으로 다른 지원자보다 상대적으로 면접관에게 눈에

띄었기 때문에 다른 지원자보다는 합격선에 한 발 먼저 다가서게
된 것이다.

　지금이라도 지원자의 이메일 주소가 특별하지 않다면, 이번
기회에 특별한 의미를 가지고 있는 새로운 이메일 주소를 갖기를
바란다. 지원한 회사나 업무와 연관된 이메일 주소면 더욱 좋다.
향후에도 계속 사용하고자 한다면 회사보다는 업무와 연관된 이
메일 주소가 더욱 좋을 것이다.

　학력 사항은 지원자 삶의 역사이기 때문에 부풀릴 수 없지
만, 학점과 부전공 또는 복수전공과 관련해서 이야기 하고 싶은 것
이 있다. 지원자가 생각하기에 학점이 낮다는 생각이 들면 왜 학점
이 낮을 수밖에 없었는지에 대한 내용을 작성해야 한다. 어디에 작
성을 해야 하냐고 물어본다면 당연히 자기소개서이다. 입사 지원서
는 일관성을 가지고 작성해야 한다. 기본이력 내용이든 아니면 자
기소개서이든지 일관성이 필요하다. 학점이 낮으면 그에 합당한 이
유를 꼭 밝혀야 한다.

　전공 분야가 본인이 지원한 업무와 연관성이 높으면 좋겠지
만, 그렇지 않더라도 실망할 필요가 없다. 전공 외에 지원자가 해
당 업무를 위해서 준비한 내용을 작성하면 된다. 아마도 전공 외
에 지원자가 준비한 내용 중에서 가장 타당성이 높은 것이 부전공
이나 복수전공일 것이다. 기본이력 작성 공간에 부전공이나 복수

전공을 적을 수 있는 공간이 없다면 자기소개서에 기재하면 된다. 그리고 부전공이나 복수전공을 왜 했는지에 대한 이유를 본인이 지원한 업무와 관련해서 작성하면 설득력이 높다.

　　고등학교와 대학을 졸업하고 입사 지원할 때까지의 시간적 흐름이 중첩되거나 누락이 되면 신뢰도가 떨어진다. 실수로라도 기간이 중첩되거나 누락시키는 오류를 범해서는 안 된다. 지원자가 지원서를 작성할 때 기간을 잘못 기재하는 것은 빠지지 않는 오류 중의 하나이다. 휴학 기간이 있었다면 어느 기간 동안 왜 휴학했는지 명확하게 기재해야 한다. 휴학 기간과 복학 시기, 고등학교 졸업과 대학교 입학 시기를 맞지 않게 기재한 지원자가 종종 있다. 이러한 오류는 채용 담당자에게 지원자의 몰입도가 그만큼 떨어졌다는 이미지를 심어주므로 서류 전형에서 마이너스가 된다. 면접 과정에서 본인이 실수였다고 이야기를 하더라도 마이너스 결과가 달라지지는 않는다.

　　앞에서 언급한 내용 외에도 중요한 부분이 많은데, 정리하면 다음과 같다. 먼저 자격증이다. 자격증은 해당 업무와 관련 있거나 사회 통념상 다른 사람들이 필요할 수도 있겠다고 생각되는 자격증만 작성하는 것이 좋다. 본인의 자격증을 과시하기 위해서 회사와 업무에 전혀 상관없는 자격증을 쓰는 것은 노력만 인정받을 뿐 전문성은 인정받을 수 없다. 자격증이 가지는 의미를 생각해보면 노력보다는 전문성을 택하는 것이 서류전형에서 더욱 중요한 항목이다.

어학 부문에서는 공인된 시험 성적이 있으면 반드시 기재해야 한다. 공인된 시험 성적이 없으면 해당 언어를 어떻게 공부했고 어느 정도 수준인지 자기소개서에 작성하기 바란다. 아무런 설명 없이 '일본어 中'이라고 기재하면 채용 담당자로서는 그 의미를 이해하기 어렵다. 조금이라도 설명이 있으면 검토하는 사람 입장에서 이해하기 쉽고 지원자의 배려와 논리성을 인정하게 된다.

상벌 사항에는 특이한 내용을 기준으로 작성하는 것이 유리하다. 예를 들면 디자인 공모전이나 마케팅 공모전에서 입상한 내용을 기재하는 것이 적당하다. 개근상이나 효행상 수상 여부에 대해서는 큰 의미를 두지 않는다. 학교 재학 시절에 근면하게 학교를 다니지 않은 사람은 없다. 설사 있더라도 지원자가 내가 그런 사람이라고 이야기하지 않는다. 차별성이 별로 없는 상벌 사항은 검토하는 사람에게 의미가 없으므로 의미 없는 내용은 과감하게 적지 않는 것이 좋다.

자격증과 어학, 그리고 상벌사항의 작성 기준은 업무와의 연관성임을 잊지 말아야 한다. 지원한 회사에서 요구하는 업무와의 연관성이 높을수록 서류전형에 통과할 확률이 높아진다. 이러한 점을 인지해서 지원서를 작성하는 것이 중요하다.

보훈대상 여부는 보훈대상자라면 작성하는 것이 조금은 보 탬이 된다. 보훈대상 여부가 서류 전형 통과 조건에 대한 필요충 분조건은 아니다. 다만, 법률적인 측면에서 일정 규모 이상의 회 사는 보훈대상자를 반드시 채용해야 하는 책임이 있기 때문에 지 원자에게 조금은 유리할 수 있다. 그렇지만 보훈대상자라고 해서 무조건 서류 전형에 통과되는 것이 아니라 개인의 능력이 중요하 다는 것을 항상 생각해야 한다.

실제로 채용 담당자들이 입사 지원서를 보는 판단 기준에 대 해서 생각해보자. 입사 지원서의 여러 항목에 대해서 작성 원칙을 강조하는 것은 회사에서 그런 요건들을 서류 전형 결과의 판단 기 준으로 삼고 있기 때문이다.

서류 전형 결과의 기준은 기본 요건, 가점 요건, 변별 요건으 로 구분 지을 수 있다.

기본 요건은 모집 시의 방침에 따라 반드시 충족해야 하는 요건으로 병역사항, 졸업 연도, 학력, 연령, 입사 지원서 기재 불량 등이 이에 해당한다.

가점 요건은 다른 조건이 모두 동일할 때, 다른 지원자들보 다 해당 지원자를 우선하여 선발 프로세서의 다음 단계 기회를 부 여하는 요건으로서 장애인, 국가보훈 대상자, 어학, 자격증 등이 이에 해당한다.

변별 요건은 서류 전형 결과에 직접적인 영향을 미치는 요건으로서 전공, 학교, 학점, 어학, 자격증 등이 이에 해당한다.

기본 요건	모집 시의 방침에 준하여 반드시 충족해야 하는 요건으로 병역사항, 졸업 연도, 학력, 연령, 입사지원서 기재 불량 등이 이에 해당
가점 요건	다른 조건이 모두 동일할 때, 다른 지원자들보다 해당 지원자를 우선하여 선발 프로세서의 다음 단계 기회를 부여하는 요건으로 장애인, 국가보훈 대상자, 어학, 자격증등이 이에 해당
변별 요건	서류 전형 결과에 직접적인 영향을 미치는 요건으로 전공, 학교, 학점, 어학, 자격증등이 이에 해당

　자기소개서를 잘 작성하려면 일관성이 있어야 한다. 기본 이력 내용과의 일관성을 유지해야 하고, 자기소개서 내용 안에서의 일관성도 유지해야 한다. 자기 소개서 내용 안에서의 일관성은 전체적인 이야기를 풀어가는 내용이 현재 자신이 지원한 회사나 업무와 관련성을 갖도록 이야기를 전개하라는 것이다. 전체적인 일관성과 상관이 없는 이야기는 이야기의 맥을 끊게 된다. 예를 들면, 자신이 영업에 지원을 했기 때문에 많은 사람들과 인간관계를 맺거나 사람과의 관계 설정을 잘 할 수 있는 방법을 배우기 위해서 아르바이트한 경험을 쓰는 것은 일관성을 유지한다고 볼 수 있다. 하지만 아르바이트 경험에서 과외를 했다고 쓴다면, 그 내용은 그저 돈을 벌기 위한 행위에 지나지 않기 때문에 군더더기가 된다.

자기소개서는 일반적으로 크게 세 가지 정도로 구분할 수 있다. 자신의 과거 이야기인 성장배경, 자신의 현재 이야기인 본인의 강점과 약점, 또는 성격의 장단점, 그리고 자신의 미래 이야기인 지원 동기와 미래의 포부 등으로 구분 지어 볼 수 있는데 지원자의 과거, 현재, 미래가 하나의 스토리처럼 연관되어 일관성을 가지도록 작성하는 것이 중요하다.

성장 배경에서 가장 흔하게 작성하는 내용은 언제 어디에서 태어났고 부모님의 배려에서 착하게 살아왔다고 하는 내용인데, 생년월일과 부모님 관련된 내용은 기본 이력 내용에 다 있는 내용이다. 그럼에도 이러한 내용을 반복해서 작성하는 지원자는 성장배경을 작성하는 근본적인 이유를 모르기 때문이다. 언제 어디서 태어나고 착하게 살았다는 내용은 채용 담당자들이 보고 싶은 내용이 아니다.

성장배경에는 자신의 가치관이 어떤 계기로 생기게 되었는지 위주로 작성해야 한다. 예를 들면 지금의 가치관이 생기게 된 개인의 역사에서 잊지 못할 사건이 있었다면 그것이 무엇이었는지를 작성하는 것이다. 그 사건을 통해서 무엇을 배웠는지 그리고 자신이 성장하는데 어떻게 영향을 주었는지를 구분 지어서 작성하면 검토하는 사람은 읽기도 쉽고 이해하기도 쉽다.

현재의 가치관과 관련된 이야기는 기본이력 내용에 있는 이메일 주소와 연관 지어 이야기 거리를 만들 수 있다. 이메일 주소가 개인의 정체성에 관한 내용이라면 당연히 성장 배경과 맞물려서 이야기가 전개되어야 한다.

자신의 강점과 약점에 대한 작성은 성장배경과 이어지는 내용을 위주로 작성할 수도 있고, 기본이력 정보인 부전공이나 복수전공과 관련해서 이야기를 전개할 수 있다. 그냥 뜬금없이 자신의 강점은 '이렇고 저렇고' 약점도 '이렇고 저렇고'라고 작성하는 것보다는 인생의 스토리를 이어가는 것이 이야기도 재미있고, 보는 사람도 흥미를 갖게 된다.

성장 배경을 통해서 자신의 가치관을 형성하면서 본인이 배웠고 느꼈던 내용을 토대로 자신의 강점과 약점을 이야기할 수 있고, 아니면 지원자가 지원한 업무와 관련해서 지금까지의 준비 과정에서 배웠던 내용을 토대로 이야기를 풀 수도 있다. 어떤 방식으로 이야기를 이끌어 가든지 일관성을 잊어서는 이야기 전체가 죽을 수 있다는 것을 항상 염두에 두어야 한다.

개인적으로 추천하는 이야기 전개 방식은 개인의 경험을 예를 들어 이야기하는 방식이다. 강점을 발휘했던 내용을 적거나 난감했던 내용을 통해서 무엇을 배웠는지 이야기하면 진실성과 일관성 그리고 스토리를 확보할 수 있을 것이다.

자기의 경험을 이야기할 때 가장 많이 하는 오류를 하나만 짚고 넘어가고자 한다. 동아리활동이나 아르바이트 경험은 무조건 많다고 좋은 것이 아니다. 특히 아르바이트 경험이 다양한 내용으로 채워진다고 해서 서류 전형에서 좋은 점수를 기대한다면 사고의 틀을 전략적으로 바꾸어야 한다. 아르바이트 경험도 지원하는 업무와의 연관성에서 생각해야 한다. 소비재 위주의 산업군에 있는 회사의 영업 업무에 지원했다면 호프집 아르바이트 경험이 좋게 평가받을 수 있지만, 일반 산업재 회사의 기획 업무에서 호프집 아르바이트 경험은 의미가 없다.

동아리활동도 마찬가지인데, 그래도 동아리활동은 개인의 리더십과 인적 네트워크 확대라는 부문에서 약간은 인정받을 수 있기 때문에 다양한 경험에 대한 이야기가 득이 될 수 있다.

동아리활동을 긍정적으로 본다면 사회봉사활동도 나름대로 의미가 있다. 최근에는 착한 기업이 되고자 하는 기업의 본질적인 욕구도 있지만, 소비자들 역시 기업 이미지에 대해서 그 중요성을 높이 평가하기 때문에 기업의 사회적 책임이 점점 중요해지고 있다. 이런 상황에서 유추해 보면 개인의 사회봉사활동은 개인의 이미지를 높일 수 있고, 개인의 사회적 책임을 실행했다는 측면에서 개인 경력의 중요한 한 축이 될 수 있다.

마지막 작성 단계는 지원자의 미래에 관련한 내용이다. 지원자 자신의 미래에 대한 포부이자 꿈과 관련해서 이야기를 전개해야 하는데, 자신의 과거와 현재에 동떨어진 주제는 바람직하지 않다. 지원자는 성장 과정에서의 정체성과 현재 자신의 장단점을 바탕으로 자신의 미래에 대한 이야기를 전개해야 한다. 자신의 강점으로 회사에서 무엇을 할 수 있는지, 그리고 최종 목적지가 어디인지를 밝혀야 한다. 무조건 열심히 하겠다고 하는 내용은 개인의 미래에 대한 내용이 아니라 개인의 의지를 밝힌 것이다. 회사 입사 10년 뒤의 자신의 모습을 그려보면서 작성을 하는 것도 좋은 방법이다. 또는 먼 훗날 회사 생활을 통해서 자신이 성취한 것을 자신의 아이들에게 이야기하는 모습을 그리면서 작성하는 것도 좋은 방법이 될 것이다. 조직에서 자신의 미래 성공 모습을 그려보면, 성공을 위해서 자신이 조직에서 무엇을 해야 하는지가 선명하게 그려진다. 그 선명한 청사진을 이야기하면 좋은 스토리텔링이 될 수 있다. 회사를 통해서 업무를 통해서 사회에 기여하고픈 이야기, 그리고 개인적인 꿈을 이루기 위해서 회사생활을 어떻게 할 것인지에 대한 이야기가 주가 되어야 한다.

입사 지원서 작성에서 누락된 내용이 있다면 경력사항에 관한 내용이다. 신입사원 입장에서는 쓸 내용이 없다고 생각할 수도 있겠지만, 신입사원이라고 하더라도 회사에서 아르바이트 한 경험이나 인턴근무 경험이 있다면 인턴기간을 토대로 작성을 해도 무방하다. 최근에는 인턴 제도가 활성화되어 웬만한 신입사원이라면 짧게는 3개월에서 6개월 정도까지는 인턴으로 회사에 근무하는 경우가 흔하다. 인턴생활에서 중요한 것은 인턴 생활도 본인이 하고자 하는 업무와 연관성을 가지고 경력을 쌓아야 한다는 것이다. 본인이 지원한 업무와 무관한 인턴 생활은 해당 업무에 대한 연관성이 적기 때문에 취업에 큰 도움이 되지 않는다. 따라서 인턴을 지원할 때도 향후 취업을 고려해야 한다. 하지만 자신이 지원하고자 하는 업무와 연관성이 떨어지는 인턴생활을 했더라도 인턴을 하면서 배운 점이 있기 때문에 자신이 인턴생활을 하면서 배운점 위주로 작성하는 것도 나쁘지는 않다.

경력사원은 이미 경력이 있기 때문에 경력사항을 적을 내용이 있을 것이다. 경력 사항을 작성하는 방법은 본인이 했던 업무를 나열하는 것도 방법이지만, 그렇게 작성을 하는 것보다는 먼저 본인이 가장 잘할 수 있는 업무와 업무를 통해서 나타난 본인의 강점과 성과 위주로 간략하게 정리한 다음에 본인의 업무 위주로 작성하는 방식을 취하는 것이 좋다.

모든 보고서는 작성하는 사람 위주로 작성하는 것이 아니라 보는 사람 위주로 작성해야 한다는 원칙이 있다. 이는 입사 지원서를 작성하는 경우에도 적용되는 원칙이다. 먼저 본인의 강점 위주로 정리한다면 채용 담당자 입장에서는 지원자의 강점과 성과를 파악하는데 쉬울 뿐 아니라 채용 담당자가 지원자에 대한 보고서를 작성하기에도 조금은 편하게 작성할 수 있는 이점이 된다. 그리고 경력사항은 최근 이력을 중심으로 작성해야 한다. 경력사원의 채용은 그 사람이 가지고 있는 기본적인 배경도 중요하지만 당장 회사 업무에 투입해서 성과를 낼 수 있는지가 더욱 중요하다. 채용 담당자는 간략하게 작성된 지원자의 성과와 강점을 토대로 일차적인 판단을 하지만, 업무경험을 참고한다. 그렇기 때문에 지원자는 채용 담당자가 제대로 업무경험을 파악하도록 돕기 위해서는 최근 업무경력을 중심으로 작성해야 한다. 채용 담당자가 잘 정리된 경력사항을 검토하면서 조금 더 점수를 더 주는 것은 인지상정이라고 할 수 있다.

　자기소개서 작성에 절대적인 원칙은 없다. 그러나 다음 예시처럼 형식의 구조적인 구성과 내용의 논리적인 구성으로 이야기를 풀어가는 것이 중요하다. 예시에 있는 내용이 전부가 아니라는 것을 다시 강조하고 싶다. 자기소개서 작성의 흐름을 알아가는 것이 중요하다.

자신의 성장 과정을 적는 부분은 성장 과정에서 현재 자신이 가지고 있는 능력을 대표할 수 있는 경험 위주로 작성하는 것이 좋다. 나쁜 예의 내용에서 언제 태어났고 형제가 어떻게 된다는 내용은 기본 이력 작성 부분에서 작성하므로 더 이상 써야 할 명분이 없다. 그러다 보니 채용 담당자들이 보면서 가장 짜증나는 자기소개서의 일반적인 형태가 된다. 학력 사항 역시 기본 이력 작성 부분에서 작성되기 때문에 의미가 있는 내용이라고 볼 수 없다. 단지 조금 의미가 있는 이야기라면 초등학교 때 반장을 하면서 리더십이 함양되었다는 부분과 동아리활동을 통해서 팀워크를 함양할 수 있었다는 이야기인데 너무 일반적인 형태로 쓰다 보니 눈에 띄지 않는다. 자기소개서는 소제목과 함께 내용을 구분하여 이야기를 전개하는 것이 보는 사람으로 하여금 보고 싶은 내용을 쉽게 볼 수 있게 할 수 있다는 점에서 필요한 요소이다.

초등학교 시절부터 반장을 하였습니다. 반장을 하면서 어떻게 반을 이끌 것인지를 항상 고민하게 되었고, 친구들과 함께 반 운영에 대해서 서로 이야기를 하면서 회의를 주도한 것이 지금 리더십이 있는 학생이 된 계기가 된 것 같습니다. 또한 초등학교 시절의 경험은 대학에서도 동아리 활동을 하면서 동아리 회장으로써 나보다는 다른 사람을 배려할 줄 아는 리더십을 발휘할 수 있게 된 기초가 된 것 같습니다.

동아리 활동을 하면서 동아리 운영에 대해서 고민을 하다 보니, 개인의 판단보다는 여러 친구들의 의견을 모으고, 같이 의견에 대해서 토론을 하고, 최종적으로 의사결정하는 것이 더욱 효과적이라는 것을 깨닫게 되었습니다. 지금도 어떤 문제가 발생하면 친구들과 서로 상대방의 입장에서 토론하고 중지를 모으고 있습니다. 그런 활동을 통해서 자연스럽게 팀워크의 중요성을 깨닫게 되었습니다.

성장 과정에서 무엇을 배웠는지가 명확하게 들어나 있다. 어떠한 성장 배경에서 리더십과 팀워크를 익히게 됐는지 명확하게 이야기하고 있고, 주제별로 단락을 주어 보는 사람을 편안하게 한다. 이처럼 자기소개서는 시작부터 시각적으로 보는 사람으로 하여금 편안함을 느끼게 하는 것이 중요하다. 시각적 이미지 때문에 채용 담당자는 이 입사 지원서에 관심을 두고 읽게 된다. 더욱이 회사에서 요구하는 인재상이 지원자의 성장 배경에서 발견된다면, 서류 전형에서 좋은 점수를 받게 되는 것은 당연하다.

저의 강점은 항상 자신감이 있다는 것입니다. 어떠한 난관도 이겨낼 수 있
다는 자신감이 지금까지의 저를 만들었다고 생각합니다. 회사에 입사하
게 되면, 더욱 이 자신감을 가지고 모든 일을 추진하여 회사에서 인정받는
사람이 되고자 합니다.

다만, 이러한 자신감이 때로는 남들에게 독선으로 비치는 경우도 있습니
다. 스스로는 자신감이라고 생각하는데, 남들의 시각이 달라서 어려운 경
험을 한 적도 있습니다. 그래서 지금은 적정하게 균형을 찾고자 노력하고
있습니다.

강점과 약점이 혼재되어 있어 정확하게 무엇이 강점이고
무엇이 약점인지를 구분할 수가 없다. 자신감과 독선은 양립성의
문제가 아니라, 독립적인 성격이기 때문에 자신감이 강점이라면,
독선은 자신감과 별개의 문제로 인식하고 자기소개서를 작성하
는 것이 옳다. 그리고 강점과 약점에 대해서 개인적인 경험이 있
는 것처럼 이야기하고 있는데, 오히려 그 경험이 무엇인지를 명확
하게 해 주는 것이 좋다. 어떤 경험을 통해서 자신감을 갖게 되었
는지, 어떤 경험을 통해서 독선이 있었는지를 이야기하고, 약점에
대해서는 약점을 극복하기 위해서 어떻게 하고 있는지에 대한 해
결책을 제시하는 것이 올바른 작성 법이 될 것이다. 그리고 성장
배경에서 이야기한 내용과 연결되는 내용이 없는 것도 지적할 부
분이다.

대학 프로젝트 과제를 진행하면서, 프로젝트 전반을 책임지는 역할을 맡
게 되었습니다. 여러 사람이 함께하다 보니 다양한 의견이 있었고, 시간
적으로도 마감시간이 한정되어 있어 긴급함을 요구하는 과제였습니다.
프로젝트 책임자로서 저는 각 팀원의 의견을 조율하는 미팅을 주관하여
최종적인 의견을 조율하고, 팀원들에게 조율된 내용에 따라 업무 분담을
시켜서 시간 내에 프로젝트를 마무리하였습니다. 이러한 결과를 가져올
수 있었던 배경은 어려서부터 몸에 익힌 리더십과 팀워크가 근거가 된 것
같습니다. 또한 프로젝트를 통해서 조금 더 사회생활을 이해하게 되었
고, 사람들의 다양성을 인정해야 하는 것과 팀을 주도적으로 이끌 수 있
는 자신감을 갖게 된 것이 개인적인 성과라고 생각합니다.

성격의 약점이라고 말할 수 있을 만큼 성격이 모가 나 있지는 않습니다.
다만, 의사 결정 시 남들보다 조금 더 신중하게 생각하는 경향이 있습니
다. 그러다 보니 자연스럽게 의사결정 시간이 지체되는 현상이 발생하는
데, 아무래도 어려서부터 다른 사람의 의견을 들어주고 조율하는 과정에
서 습득된 성향인 것 같습니다. 의사 결정을 빠르게 하는 것도 다른 사람
의 욕구를 만족시키는 과정이기 때문에 지금은 의사 결정을 정보의 70%
수준이 되면 실행하고자 노력하고 있습니다. 정보의 변화가 빠르기 때문
에 70% 수준이면 정보의 빠르기와 사람들의 욕구 수준을 맞추어 줄 수
있는 수준이라고 판단하고 있습니다.

　　자신의 강점과 약점을 설명하기 위해서 보여주는 이미지
를 논리적으로 묘사하고 있다. 논리적이라는 이미지는 어려운 것
이 아니다. 내용을 소제목과 단락으로 구분하게 되면 보는 사람들
이 편하게 볼 수 있는데, 논리성은 다른 사람이 내용을 구분해서

쉽게 읽을 수 있는 수준이라고 생각하면 된다. 강점과 약점도 성장배경과 연관된 내용이고, 강점과 약점을 가지게 된 배경에 대해서도 경험적으로 설명하고 있고, 어느 정도의 숫자를 넣어서 조금 더 전문가다운 이미지를 만들고 있기도 하다. 약점에 대해서는 어떻게 대응하는지를 쓰고 있기 때문에 글의 연결이 부드럽고 이해가 쉽게 되는 부분이다.

저는 어려서부터 제가 지원한 업무와 회사에 대해서 관심을 가지고 있었습니다. 제가 입사가 된다면 뼈를 묻을 각오로 회사에서 일하고자 합니다. 열심히 일해서 회사를 초일류 기업으로 키우고자 합니다. 회사의 성공에 기여하는 사람이 되고자 합니다. 부족한 부분이 있다면 열심히 노력하겠습니다. 지켜봐 주시면 한 개인이 어떻게 성장해서 어떻게 회사에 기여하는지를 보여 드리고 싶습니다.

무조건 회사에서 열심히 일하겠다고 하는 것은 너무나도 진부한 이야기이다. 어떻게 회사에 입사했는데 열심히 일하지 않는 사람이 있을 수 있다는 말인지 도대체 이해가 안 가는 이야기이다. 논리적인 부분도 떨어지는 이야기이지만, 무조건 입사하겠다는 의지만 보여주는 내용이다. 개인의 포부가 전혀 느껴지지 않는다. 상기 내용은 많은 지원자가 개인 포부 작성에 있어서 공통적으로 많이 실수하는 내용이다.

회사와 더불어 성장할 수 있는 인재가 되겠습니다. 지원한 업무를 잘하기 위해서 과거 5년간 준비한 내용은 인간관계 넓히기, 영어 회화, 설득력 기르기입니다. 인간관계를 꾸준히 넓히기 위해서 SNS를 통해서 지금도 계속해서 많은 사람과 만나고 있고, 많은 외국인과의 친분을 쌓으면서 영어를 사용하고 있습니다. 그러면서 다양한 사람들과의 접촉하기 때문에 서로의 의견을 조율하는 설득과정을 경험하고 있습니다.

앞으로 10년을 위해서 제가 준비하고자 하는 것입니다. 10년 뒤에 회사에서 중요한 역할을 수행하기 위해서 독서, 인맥관리, 리더십 함양, 대학원 석사과정 이수를 목표로 하고 있습니다. 장기적인 과제와 단기적인 과제를 분류해서 실행할 예정입니다. 회사가 성장하기 위해서는 그 구성원들의 역할이 중요하다고 생각합니다. 저 스스로도 성장하여야 하지만, 같이 근무하는 팀원들의 역량을 높여줄 수 있는 사람이 되기 위해서 노력하겠습니다.

개인의 비전과 회사에서의 역할에 대해서 어떻게 할 것인지가 보이는 내용이다. 한 업무의 전문가로서의 역할을 하면서 회사에서 자신보다는 팀원들을 이끌 수 있는 사람이 되고자 하는 목표가 보인다. 과거와 미래를 대비하면서 논리적 이미지를 갖고 있으며, 10년 뒤의 모습을 그리면서 구체적인 실행방안을 설정하여 진실성이 있는 내용이라는 느낌을 주고 있다. 다만, 10년 뒤의 모습을 그리면서 조금 더 구체적으로 작성한다면 더욱 좋은 내용이 될 수 있었을 것이라는 아쉬움이 든다. 아마도 지면상 어쩔 수 없는 선택이었다고 보인다. 대부분 회사에서는 내용 분량에 대해서 제한을 두기 때문일 것이다.

자신만의 스토리 라인을 가져야 한다는 것을 어렵게 생각할 필요는 없다. 자신만의 이야기에서는 일관성을 가져야 하는데, 이 일관성을 이야기로 풀어가면 자신만의 스토리 라인을 가질 수 있다.

이메일 주소를 생각해 보자. 이메일 주소명이 자신만의 정체성이나 자신이 지원하고자 하는 업무와 연관되어 있다면, 이메일 주소 명을 가지고도 이야기를 풀어갈 수 있다. 자신의 정체성과 지원하는 업무에 대한 이야기로 지원서의 내용을 만들어갈 수 있다. 자신이 가진 가치관에 대한 메일 주소라면 그 가치관을 어떻게 가지게 되었는지, 그래서 지금의 업무에 어떤 배경으로 지원하게 되었는지, 그리고 어떠한 준비를 하였는지에 관해서 이야기하면 된다. 그리고 내용의 마지막에 자신의 꿈과 연결시켜서 미래의 자신 모습에 대한 이야기로 끝을 맺으면 훌륭한 스토리가 된다.

만일 이메일 주소가 자신의 지원한 업무와 연관되어 있다면, 언제부터 이 업무가 하고 싶었는지, 그래서 무엇을 준비했고 현재 준비상태가 어떠한지, 업무를 통해서 본인이 이루고자 하는 것이 무엇이고 최종적인 목적이 무엇인지에 대한 이야기를 쓰게 되면 전체적인 스토리 라인을 구성할 수 있게 된다. 꼭 이메일 주소를 이용한 스토리텔링 방식이 아니더라도, 스토리텔링 방식의 이야 기는 보는 사람에게 재미를 주기 때문에 자기소개서 작성에 필요 하다.

자기소개서는 형식의 구성과 내용 구성에 논리성과 일관성 이 있어야 한다. 형식의 구성에는 보는 사람 입장에서 잘 정리되 었다는 느낌이 들도록 주제별로 구분해서 작성하는 것을 말하고, 내용 구성은 결론을 먼저 내세우고, 왜 이런 결론이 나왔는지에 대한 배경 설명으로 이야기를 이끌어 가거나 배경에 따라 결론을 매듭짓는 방식으로 이야기를 풀어나가는 것을 말한다.

거듭 강조하지만, 자기소개서 작성의 가장 중요한 원칙은 보 는 사람, 즉 채용 담당자가 관심을 갖게 유도해야 한다. 구성이 깔 끔하고 내용이 충실하다면, 채용 담당자가 한 번이라도 더 보게 된다. 실제 현업에서 채용 담당자가 1장의 이력서를 검토하는 데 걸리는 시간은 5분 이하이다. 더 솔직히 말하면 1분에서 2분 사이 면 검토가 끝난다. 이렇게 짧은 시간에 지원서를 검토하기 때문에 먼저 채용 담당자의 눈에 띄게 지원서를 작성하는 것이 중요한 것이다. 그 많은 지원서를 읽다 보면, 채용 담당자는 선택과 집중을 하게 된다. 그럴싸한 지원서를 읽는데 더 많은 시간을 할당하고 집중하게 된다. 그 이야기는 많은 다른 지원서는 구성과 내용에서 차별성이 없기 때문에 별로 읽어 볼 가치를 느끼지 못한다는 이야기로 뒤집어 생각해 볼 수 있다. 채용 담당자가 자신의 황금 같은 5분의 시간을 투자했기 때문에 해당 지원서가 서류 전형에 통과되는 것이다. 시간이라는 자원을 투자하고 나서 그 가치를 인정하지 않는 사람은 없기 때문이다.

입사 지원서를 작성할 때도 그렇지만 면접을 보기 위해서라도 지원한 회사의 홈페이지에 있는 내용은 어느 정도 숙지해야 한다. 입사 지원서 작성이라면 이 회사에 왜 지원했는지를 밝혀야 하는데, 그러기 위해서는 회사의 역사나 비전, 또는 회사의 재무 상태 정도는 알고 있어야 회사 지원에 대한 이야기를 지원한 회사와 연관시켜 작성이 가능하기 때문에 이야깃거리가 될 수 있는 것이다. 무조건 들어가서 열심히 하겠다고 이야기하는 것은 성실성만을 보던 시대의 취업 전략이라고 할 수 있다. 하나의 어구라도 자신의 취업 전략에 맞게 선택해야 한다. 당연히 회사 선택의 이유는 채용 담당자들이 후보자의 회사에 대한 열정을 보기 위한 척도가 되기 때문에 논리성과 열정을 가지고 작성해야 한다. 열정 지수는 그 회사에 대해서 얼마나 많이 알고 있는지가 되는데, 회사에 대한 정보는 회사 홈페이지를 통해서 가장 많이 알 수가 있다. 물론 홈페이지 이외에도 신문이나 인터넷 검색을 통해서 알 수도 있지만 가장 많은 정보는 홈페이지를 통해서 획득할 가능성이 크다.

회사 홈페이지에서 얻을 수 있는 정보에서 반드시 숙지해야 하는 내용이 있다. 먼저 회사 비전이다. 회사 비전은 지원자가 회사를 선택하게 된 기준이다. 그리고 입사 지원서 작성 시 회사 비전을 자신의 이야기와 연관 지어서 작성하게 되면 지원자가 열정이 가득한 지원자로 비춰지기 때문에 중요하다. 그리고 면접 시 면접관들이 가장 잘 물어보는 질문 유형 중에 하나이기 때문에 더더욱 중요한 내용이다. 회사의 비전이 얼마나 잘 달성되고 있는지가 궁금하면, 대표이사 인사말이나 회사의 인재 상을 읽어보면 알 수 있다. 대표이사 인사말에 비전과 관련된 내용이 없거나 회사의 인재상과 비전이 관련성이 없어 보이면 비전은 그냥 뜬 구름 잡는 문구일 확률이 높다.

회사의 인재상은 지원자가 회사와의 정합성에 대한 판단을 할 수 있기 때문에 숙지해야 하는 내용이다. 자신의 강점과 약점에 비추어 어떤 면이 인재 상에 부합되고, 어떤 면이 인재 상에 부합이 되지 않는지 알게 되면 면접에 대한 준비도 될 수 있다. 인재 상 역시 면접관들의 단골 메뉴이기 때문이다. 면접 시 본인이 회사의 인재 상에 어떤 부분에서는 정합성을 가지고 있고 어떤 부분에서는 정합성이 일부분 떨어지지만 이 차이를 어떻게 극복하기 위해서 어떻게 노력하는지를 명확하게 이야기하면 면접에서 높은 점수를 받을 수 있다.

회사의 인사제도와 관련된 내용도 회사를 이해하는 데 유용한 자료이다. 인사제도를 보면, 회사가 지향하는 문화가 무엇인지를 알 수 있다. 연봉제 운영, 성과관리 지향 등 시스템 적으로 추구하는 조직 문화를 알 수 있기 때문에 충분히 참고 자료로 활용 가능하다.

또한 회사의 재무상황을 파악하는 것은 회사에 대한 열정을 말해주는 가장 직접적인 변수가 될 수 있다. 최소한 최근 회사의 매출액과 영업이익, 당기 순이익 등 일반적인 재무 정보에 대해서는 숙지해야 한다. 면접관이 기습적으로 자주 물어보는 유형의 질문이다. 회사의 재무 상황은 꼭 면접을 대비해서만 알아야 하는 사항은 아니다. 지원자가 지원한 회사가 재무적으로 얼마나 안정적이고 미래지향적인지를 제대로 알아야 지원한 회사에 입사를 하더라고 후회하지 않게 된다. 재무적인 상황도 모르고 지원해서 합격했는데, 오히려 회사 성과가 나빠져서 다시 취업해야 하는 상황이 발생하면, 그동안의 노력과 시간 투자가 모두 수포로 돌아가기 때문이다. 대기업들은 홈페이지에 재무 상황을 공지하고 있기 때문에 쉽게 재무상황에 대해서 접근이 가능한데, 그렇지 않은 기업이더라도 인터넷 공시 시스템을 찾아서 사업계획서나 결산보고서 등을 미리 챙겨보는 것도 중요한 회사 선택의 기준이 된다.

　요즘 취업을 준비하는 사람들이 가장 중요하게 생각하는 것이 개인의 스펙 쌓기다. 지원자마다 스펙이라고 하면 머리에서 떠오르는 내용이 제각각 일 것이다. 지원자마다 스펙에서 중요하게 생각하는 것이 다르기 때문인데, 그렇다고 하더라도 아마 영어실력이 가장 먼저 생각할 수 있는 스펙이다. 맞는 말이다. 지원자마다 영어를 중요하게 생각하다 보니 요즘은 해외 어학연수는 기본이 되었다. 그런데 영어 수준이 상향 평준화가 되다 보니 영어 실력은 차별화 요소가 되기에는 뭔가 부족한 느낌이다. 그래서 제2외국어, 제3외국어에 대한 관심이 날로 높아지고 많은 지원자가 시간과 비용을 투자한다. 세 가지 이상 언어를 구사하는 지원자들이 점점 많아지는 것이 현실이다. 그런데 여기서 우리가 생각해 볼 것은 어학만이 스펙 쌓기에 전부가 아니라는 것이다. 외국어를 잘한다고 실무에서 성과가 높은지는 생각해 봐야 한다. 물론, 외국어가 필요한 업무들이 있다. 예를 들면 수출 업무 등은 외국어가 필수이기 때문에 업무 성과를 올리기 위해서는 외국어가 가장 기본이 된다. 하지만 그렇지 않은 업무에서도 외국어를 굳이 잘해야 하는지는 지원자도 그렇지만 회사도 생각해 봐야 한다. 전문가를 요구하는 시대적 요구에서 외국어가 필요하지 않은 업무에서까지 외국어를 요구하는 것은 국가적으로 봐도 괜한 비용 부담이 될 수도 있기 때문이다. 하지만 자신이 국제화 시대를 사는 만큼 앞으로 무슨 업무를 하게 될지도 모르기 때문에 세계 공용어인 영어 정도는 어느 수준까지 익혀두는 것도 필요하다. 그런데 여기서 말하고 있는 영어수준은 TOEIC 점수를 의미하지는 않는다. 실제 생활이나 업무에서 영어로 말하고 듣고 읽고 쓸 줄 아는 능력을 말한다. TOEIC 점수가 높다고 해서 영어를 잘하는 것이 아니기 때문이다. 그래서 많은 기업에서는 회화 수준에 대한 테스트를 별도로 하거나, 아예 전문 기관의 테스트 점수를 요구하기도 한다. 어쩌면 회사에서는 TOEIC 점수는 영어 실력의 기준점으로 활용하는 것이 아니라 그동안의 취업 준비 상황을 보는 하나의 성실성 잣대로 요구할 수도 있다. 성실성의 잣대라고 가정하면, 여하튼 회사에 입사하기 위해서는 공인된 TOEIC 점수가 필요하다는 이야기가 된다. 회사에 지원하기 전에 최소 700점 이상의 TOEIC 점수를 확보하는 것이 중요하다. TOEIC 700점이라는 점수 수준은 일반적으로 대기업에서 요구하는 평균 수준으로 생각하면 된다.

학교와 학점도 스펙에 영향을 준다. 아무리 기업에서 출신 학교를 보지 않는다고 말해도 아직까지는 학교가 어느 정도는 취업에 영향을 주는 것이 사실이다. 그렇다고 명문대를 나오지 않아서 일반적으로 말하는 큰 회사에 취업이 안 된다는 것은 아니다. 학교가 약하면 다른 것으로 그 간격을 채워야 한다. 공인된 교육 기관에서 전문성을 인정받을 수 있는 자격증을 취득한다거나 대학원을 생각해 볼 수 있다. 또한 회사나 다른 기관에서 주최하는 대회에서 상을 받는 것도 좋은 방법이다. 학점도 일정 점수 이상은 돼야 인정을 받을 수 있다. 영어 공부나 자격증 공부를 위해서 학점을 무시하게 되면, 학점 때문에 괜한 고생을 하게 된다. 어느 정도 점수가 되어야 서류 전형에서 무사하게 통과할 수 있는 점수가 되는지는 회사 기준마다 다르겠지만, 아마도 4.5점 만점에 3.5점 이상은 되어야 안심하는 수준이 될 것 같다. 4.5점 만점에 2점대 학점이라면, 낮은 학점을 극복할 수 있는 다른 무기가 있어야지만 서류 전형에 통과할 수 있다.

봉사활동, 동아리활동, 아르바이트 경험도 스펙의 일부가 될 수 있다. 최근에는 기업마다 사회적 책임을 통한 기업의 브랜드 가치를 높이기 위해서 많은 투자를 하고 있다. 대기업에서는 아예, 사회적 책임에 대한 전담 부서를 만들어서 운영하기도 한다. 이렇게 사회적 트랜드가 사회봉사활동에 대한 관심으로 쏠리면서 후보자들의 봉사활동 내용도 지원서를 검토하는 데 있어 중요한 요소 중의 하나가 되고 있다. 즉 봉사활동 내용이 지원자의 스펙에 포함될 수도 있다는 이야기이다. 지금은 어느 정도의 가능성으로만 이야기하지만, 조금 더 시간이 흐르면 서류 전형이나 면접 전형에서 중요한 의사 결정의 기준이 될 수도 있을 것 같다. 여하튼 사회봉사 이력도 중요한 스펙이 될 수 있기 때문에, 꼭 스펙이라는 이유가 아니더라도 봉사활동을 통해서 자신의 가치를 찾는 것도 나쁘지 않다. 봉사활동 이외에도 동아리활동이나 아르바이트 경험도 스펙의 일부가 될 수 있다. 만약 영업부서를 지원한다면, 활동성이 있는 동아리활동이나 소비자를 직접적으로 상대한 아르바이트의 경험도 좋은 스토리텔링의 주제가 될 수 있다. 재무부서를 지원했다면, 경제학 관련 스터디 그룹이나 금융권에서의 아르바이트 경험이 득이 될 것이다. 그렇지만 후보자가 지원하는 업무와 상관없는 동아리활동이나, 아르바이트 경험은 단지 자기소개서의 공란을 채워주는 것 이외의 큰 의미가 없다. 그렇다고 하지도 않은 경험을 소재로 자기소개서에 작성하면, 오히려 취업하기가 어려워질 수 있다. 나중에 다시 자세히 설명하겠지만 역량 면접 기법은 경험이 없이 머리로만 답변하게 되면 스스로 거짓말했다는 것을 고백하는 결과를 가져온다. 자기소개서 내용과 면접에서의 내용이 일치하지 않는다면 사실상 면접 전형에서의 실패가 되는 것은 너무나도 자명한 사실이다.

2008년 금융위기 이후에 일자리 창출이라는 대명제 아래 인턴제도가 활성화되어 지금도 인턴제도를 운영하는 회사들이 많이 있다. 인턴제도는 새롭게 만들어진 것은 아니다. 외국계 기업에서는 이미 보편적으로 운영되고 있고, 우리나라도 몇몇 대기업에서는 활성화되어 운영되고 있었다. 여하튼 인턴제도의 활성화로 최근에는 인턴경험이 또 다른 스펙의 요인으로 자리 잡고 있다. 인턴경험도 다른 경험과 마찬가지로 후보자가 원하는 업무와 연관성이 있어야 빛을 볼 수가 있다. 졸업 이후 취업이 어려워서 무조건 인턴을 지원한다면 짧게는 3개월에서 길게는 6개월의 시간이 허공으로 날아가게 된다. 인턴경험은 취업을 준비하는 사람에게 회사에 대해서, 그리고 업무에 대해서 배울 수 있는 배움의 기회가 된다. 따라서 평소 하고 싶은 업무와 관련하여 인턴 경험을 쌓는 것이 중요하다.

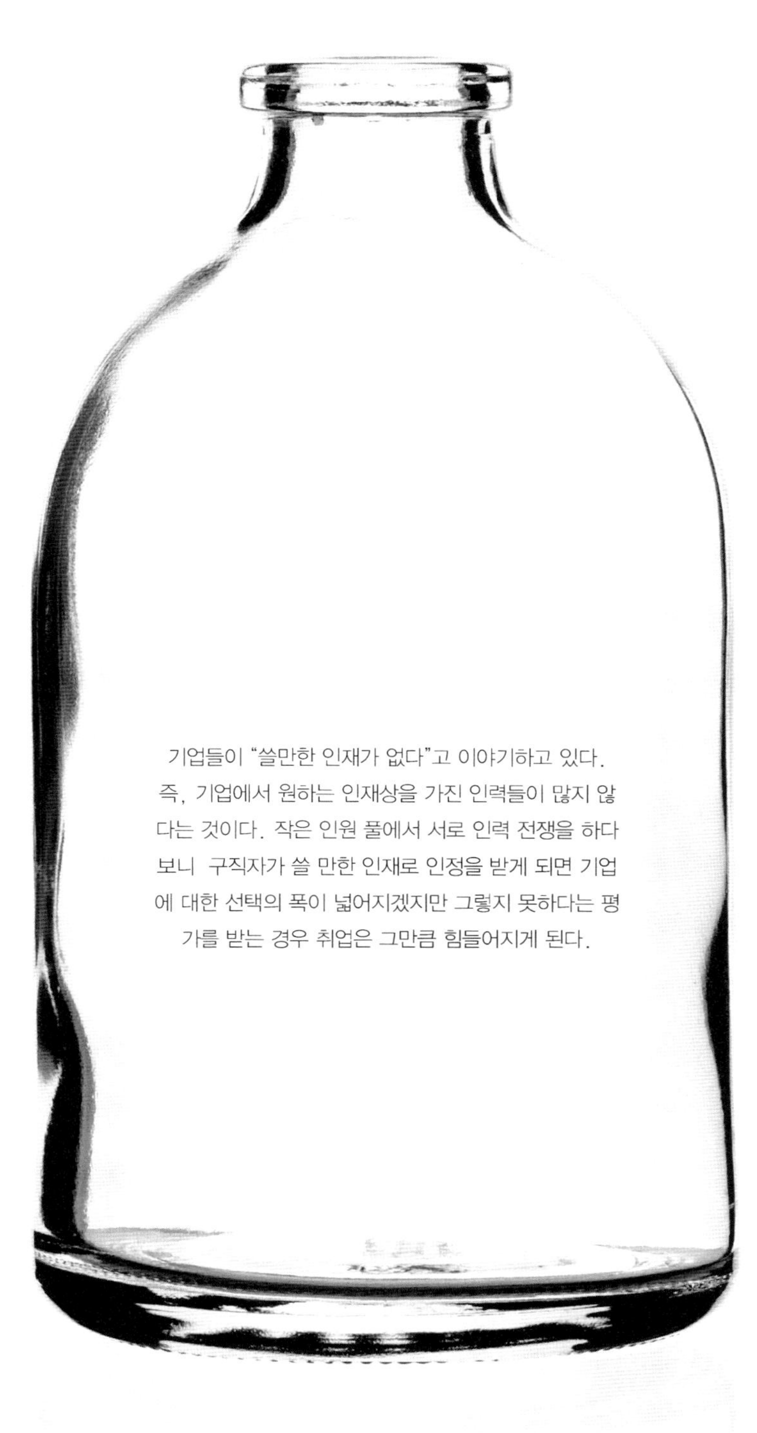

기업들이 "쓸만한 인재가 없다"고 이야기하고 있다. 즉, 기업에서 원하는 인재상을 가진 인력들이 많지 않다는 것이다. 작은 인원 풀에서 서로 인력 전쟁을 하다 보니 구직자가 쓸 만한 인재로 인정을 받게 되면 기업에 대한 선택의 폭이 넓어지겠지만 그렇지 못하다는 평가를 받는 경우 취업은 그만큼 힘들어지게 된다.

　　인성 및 직무능력 검사는 회사마다 유형이 다르므로 기본적인 유형과 검사할 때 꼭 지켜야 하는 원칙에 대해서만 이야기하고자 한다.

　　인성 검사의 평가요인은 크게 4가지로 분류한다. 정서적 태도 능력, 대인적 태도 능력, 업무적 태도 능력, 검사받는 태도 능력인데, 약 150문항을 30분 만에 전부 풀어야 한다. 인성 검사에서는 그 질문의 유형보다는 많은 지원자들이 인성 검사의 결과가 채용 결과에 어떤 영향을 주는지에 대해서 관심이 많은 것 같다.

		총 150문항	약 30~40분	정서안정성/ 감정통제력/ 신경질경향/
인성 검사	① 정서적 태도 능력			
	② 대인적 태도 능력			사교성/공감성/ 지도성/협조성/
	③ 업무적 태도 능력			적극성/신중성/ 책임성/ 인내성/사려성/ 자주성/
	④ 검사받는 태도 능력			허위성/무응답성
직무 능력 검사	① 언어 능력	40문항	3분	
	② 수리 능력	30문항	8분	
	③ 지각 능력	40문항	3분	
	④ 추리 능력	40문항	5분	
	⑤ 상황판단력	30문항	5분	
	⑥ 직무종합상식	40문항	6분	
계		370문항	100분	

인성	정서적 태도 능력	감정의 변화 및 기분의 변화, 감정의 억제 정도(정서적 안정성), 사회의 가치관과 기준을 받아들이는 사회화 정도(감정의 통제력), 냉정함 및 인격의 성숙도, 감정의 민감함과 섬약의 정도(신경질 경향)를 파악한다.
	대인적 태도 능력	일상적인 대인관계에 관련된 자질측면을 파악하기 위한 것으로 협조성, 지도성, 공감성, 사교성의 요인들에 대해 측정 평가한다.
	업무적 태도 능력	업무적인 자질측면을 파악하기 위한 것으로 적극성, 신중성, 책임성, 활동성, 인내성, 사려성, 자주성의 요인들에 대해 측정 평가한다.
직무 능력	언어 능력	언어의 의미 및 그와 관련된 개념을 이해하고 적절히 구사하는 능력, 언어상호 간의 관계 및 문장의 의미를 이해하는 능력, 정보나 자기의 생각을 표현하는 능력을 평가한다.
	수리 능력	산술계산, 산술응용 및 기초통계를 통한 수학적 문제들을 정확하고 신속히 해결할 수 있는 계산능력과 사물을 이치적으로 생각하는 정도를 측정한다.
	지각 능력	분류, 정리, 보관 등의 업무에 따른 신속성과 정확성을 측정하기 위한 사무 능력을 파악하는 검사로 숫자와 그림문자를 신속·정확하게 지각·식별하고 이를 다룰 수 있는 능력 정도를 측정한다.
	추리 능력	언어의 이해력 및 추리 능력과 일련의 수들의 배열을 보고서 어떤 규칙의 패턴을 알아내는 능력 정도를 측정한다.
	상황판 단력	조직생활에서 일어날 수 있는 그때그때의 상황을 정확하게 판단하는 능력을 알아본다. 절차계획력, 분석종합력, 평가력 등을 통한 판단의 정확성 및 속도 정도를 측정한다.
	직무종 합상식	지식정보화 시대의 직장 및 사회생활을 하는 데 필요한 기본적 상식과 사회적 지식정보의 소유 정도를 측정한다.

인성 검사는 반복되는 의사 결정 유형의 문제로 이루어지는데 이 검사에서는 신뢰도가 가장 중요하다. 문제를 풀다 보면 비슷한 유형의 문제가 반복적으로 나오는 것을 보게 되는데, 이 비슷한 문제의 유형에 답을 다르게 표기하면 신뢰도가 낮게 나오게 된다. 많은 유형의 문제가 제시되고, 시간은 한정되어 있어서 빠른 시간 내에 의사 결정을 해야 한다. 물론 답을 정정할 시간은 당연히 없다. 평상시 본인이 생각하는 바를 그대로 답안지에 옮기는 것이 인성 검사의 신뢰도를 높일 수 있는 방법이다. 재미있는 것은 이처럼 인성검사의 특징에 대해서 지원자들이 다 알고 있는 내용인데도 실제 결과는 신뢰도가 낮은 지원자가 종종 눈에 띤다는 것이다. 이는 지원자가 인성검사를 높은 점수를 받는 시험이라고 생각하기 때문에 나타나는 결과라고 할 수 있다.

인성 검사 결과는 일차적으로 신뢰도 여부를 확인한다. 문제를 많이 맞추어서 높은 점수를 획득하면 좋은 결과를 얻는 것이 아니라, 얼마나 정직하게 대답하였는지가 가장 중요한 기준이 된다. 인성 검사에서 신뢰도가 낮은 사람들은 무조건 탈락시킨다. 그리고 나서 평가 요인별로 점수를 보게 된다. 평가 요인별 점수는 일정 수준 이상이면 합격수준이 된다. 그렇지만 평가 요인별로 너무 낮은 점수를 보이는 지원자 역시 탈락하게 된다. 너무 낮은 점수의 기준은 50점 수준으로 생각하면 된다.

① 식사 중 식탁에 제대로 앉아 있지 않고 일어났다 앉았다 한다.

② 해외여행은 자신이 계획을 짜지 않고 전문가에게 의뢰하는 것이 좋다.

③ 시합에서 지면 참을 수 없이 화가 난다.

④ 오늘 해야 할 일이 설령 늦어지더라도 다음 날로 미루는 것을 싫어한다.

⑤ 어렸을 때 전혀 투덜대지 않고, 어른들이 시키는 대로 곧장 심부름을
했었다.

⑥ 사소한 일이라도 소홀히 하거나 적당하게 하는 것은 나의 성격에 맞지 않
는다.

⑦ 대체로 부모님은 자신의 일은 스스로 결정하게 했다.

⑧ 상대방 이야기의 일부를 듣고 그 말이 상대방의 전부라고 평가하는 경
우가 많다.

⑨ TV를 보면서 가만히 있지 못하고 꼼지락거린다.

⑩ 나는 무언가 일이 있으면 그것에 몰두해 시간 가는 줄 모른다.

직무능력 검사는 마치 아이큐 테스트를 보는 것 같은 문제
의 유형들이 나온다. 직무능력 검사는 6종류의 하위 평가 요인으
로 구성된다. 언어능력, 수리능력, 지각능력, 추리능력, 상황판단
력, 직무종합상식으로 구성되어 있는데, 인성 검사와 마찬가지로
많은 문제가 나오기 때문에 시간이 한정되어 있다. 문제 유형마다
몇 문제씩이 있는데 문제를 전부 풀려고 생각하지 말고 문제 유형
별로 몇 문제씩 푼다는 생각으로 접근해야 한다. 전부 문제를 풀
어서 맞히면 높은 점수를 받겠지만, 당연히 직무능력 검사도 많은
문제를 맞혀서 높은 점수를 받는 것보다 어느 정도 수준 이상이라
는 정도만 보여 주면 된다. 물론 너무 낮은 점수를 받는 것도 문제
가 된다.

직무 능력 검사의 결과는 하위 평가 요인별로 점수를 기준으로 탈락 여부를 결정한다. 인성 검사는 자주 많이 푼다고 해서 점수가 올라가지는 않지만, 직무 능력 검사는 문항의 유형을 많이 접해본 지원자가 높은 점수를 받는 경우가 많다.

1. '화룡점정 [畵龍點睛] 이라는 고사성어의 의미를 정확히 풀이하고 있는 것을 골라내시오.
   가. 마지막 중요한 마무리
   나. 용의 눈물
   다. 훌륭하게 그려진 용
   라. 당당한 모습

2. '자랑해 보임'의 뜻을 의미하는 단어는 다음 중 어느 것입니까?
   가. 과장(誇張)
   나. 자부(自負)
   다. 긍지(矜持)
   라. 과시(誇示)

3. '과묵'과 반대되는 뜻을 가진 단어는 어느 것입니까?
   가. 냉정
   나. 다변
   다. 정숙
   라. 싸움

4. '광활한'과 비슷한 뜻을 가진 단어는 어느 것입니까?

　　가. 초월한

　　나. 거대한

　　다. 광막한

　　라. 초탈한

1. 다음 수식을 각각 계산하여 얻어진 값이 가장 큰 것을 가~라 중에서 몇 번인지 골라내시오.

　　가. 786-342-219

　　나. 893-457-233

　　다. 774-318-227

　　라. 853-439-197

2. 다음 수식을 완성할 수 있게끔 빈칸에 해당하는 수를 정확히 찾아 그 번호를 골라 내시오.

　　□2 ÷ 3 + 6 =30

　　가. 5

　　나. 6

　　다. 7

　　라. 8

3. 다음 등식이 성립되도록 □ 부분에 해당하는 연산기호를 가~라 중에서 골라내시오.

　　9 □ 16 ÷ 4 + 8 = 13

　　가. +

　　나. −

　　다. ×

　　라. ÷

1. 가. 7390485682 --- 7390485682
   나. 4805974653 --- 4805974653
   다. 6973057426 --- 6973057436
   라. 2097438645 --- 2097438645

2. 가. 취무경문알컨분정 --- 취무경문알컨분정
   나. 탕추경계대명학해 --- 탕추경계대명학해
   다. 라양사려십졸식막 --- 라양사려십졸식막
   라. 측방을절동편면율 --- 측방웅절동편면율

3. 가. MRTOPRYU --- MPTOPRYU
   나. QTXASDFR --- QTXASDFR
   다. NZQWSRTP --- NZQWSRTP
   라. GHEWSNCA --- GHEWSNCA

1. [간호사 : 의사 =비서 : ( )]의 관계가 되기 위해 빈칸에 적합한 단어는?
   가. 컴퓨터
   나. 임원
   다. 책상
   라. 치과의사

2. 다음 제시된 문장을 읽어 보시고 맞게 서술된 것을 찾아 내시오.
자동차는 선풍기보다 어둡다. 에어컨은 자동차와 같다. 그러므로

가. 자동차는 에어컨보다 밝다.

나. 선풍기는 에어컨보다 어둡다.

다. 에어컨은 선풍기보다 어둡다.

라. 말할 수 없다.

3. 다음 수 배열을 살펴보고 수배열의 순서나 규칙을 발견하여 ( )안에 해당하는 숫자를 답지 중에 고르시오.

20 25 23 28 26 31 29 34 ( )

가. 30   나. 31   다. 32   라. 35

1. 당신은 항상 회사 업무를 열심히 한다고 생각하지만, 당신의 상사는 항상 당신의 업무에 대해서 사사건건 간섭하며, 업무 수행 시의 단점을 자주 지적합니다. 이러한 상사의 태도는 당신이 직장에서 인정받지 못하고 있다는 느낌을 갖게 합니다. 당신은 이 경우 어떠한 조치를 취하는 것이 적절하다고 생각하십니까?

가. 상사에게 직접 찾아가서 따진다.

나. 직장 상사를 무시하고 그의 명령을 대충대충 받아들이며, 상사의 반응에 대해서도 신경 쓰지 않는다.

다. 자신의 능력을 펼칠 수 있게 다른 부서로 인사발령을 내어 달라고 부탁한다.

라. 나의 업무 과정을 꼼꼼히 살펴보고 어떤 문제가 있는지 조사한 뒤, 우선 자신에 대해서 반성한다.

2. 자신이 모든 면에서 완벽하다고 생각하는 사원이 있습니다. 이 사원은 자신 이외의 다른 어떤 업무 방식도 따르기를 꺼립니다. 그러던 중 상사로부터 다른 한 사원의 업무방식에 따르도록 지시를 받았다면, 그 사원이 어떻게 행동할 것이라고 생각하십니까?

  가. 지시에 따라서 그 사원의 업무 방식에 따른다.

  나. 명령에 따르되 비효율적으로 일한다.

  다. 상사의 지시에 대해 항의한다.

  라. 자신의 방식이 더 우수함을 입증할 만한 근거들을 모은다.

1. 양도성 예금 증서(CD)의 특징을 제대로 설명하지 못한 것은?

  가. 은행에서 발행한다.

  나. 중도해지가 가능하다.

  다. 무기명이다.

  라. 다른 사람에게 양도가 가능하다.

2. 웹 사이트 또는 시스템을 사용할 때 사용자명과 패스워드를 주로 사용하여 보안을 유지한다. 패스워드를 만드는 방법으로 적절치 않은 것은?

  가. 자신의 주민등록번호나 집 전화번호 등을 이용하여 만들면 기억하기 쉬워서 좋다.

  나. 가급적 사전에 나오는 단어는 사용하지 말아야 한다.

  다. 단어로만 만들지 말고, 숫자와 기호를 섞어서 만드는 것이 좋다.

  라. 정기적으로 새로운 패스워드로 변경해 주는 것이 좋다.

3. 업무 상 대화를 나눌 때 이야기를 듣는 태도로서 잘못된 것은?

　가. 내용을 정확히 받아들이기 위해서는 감정에 치우치지 말고 들어야 한다.

　나. 이야기의 의미를 잘 이해할 수 없을 때는 나중에 확인해 두어야 한다.

　다. 상대방의 이야기를 알아들을 수 없을 때에도 이해한다는 태도를 취해야 한다.

　라. 상대방이 자신에게 무슨 말을 하려고 하는지를 생각하면서 들어야 한다.

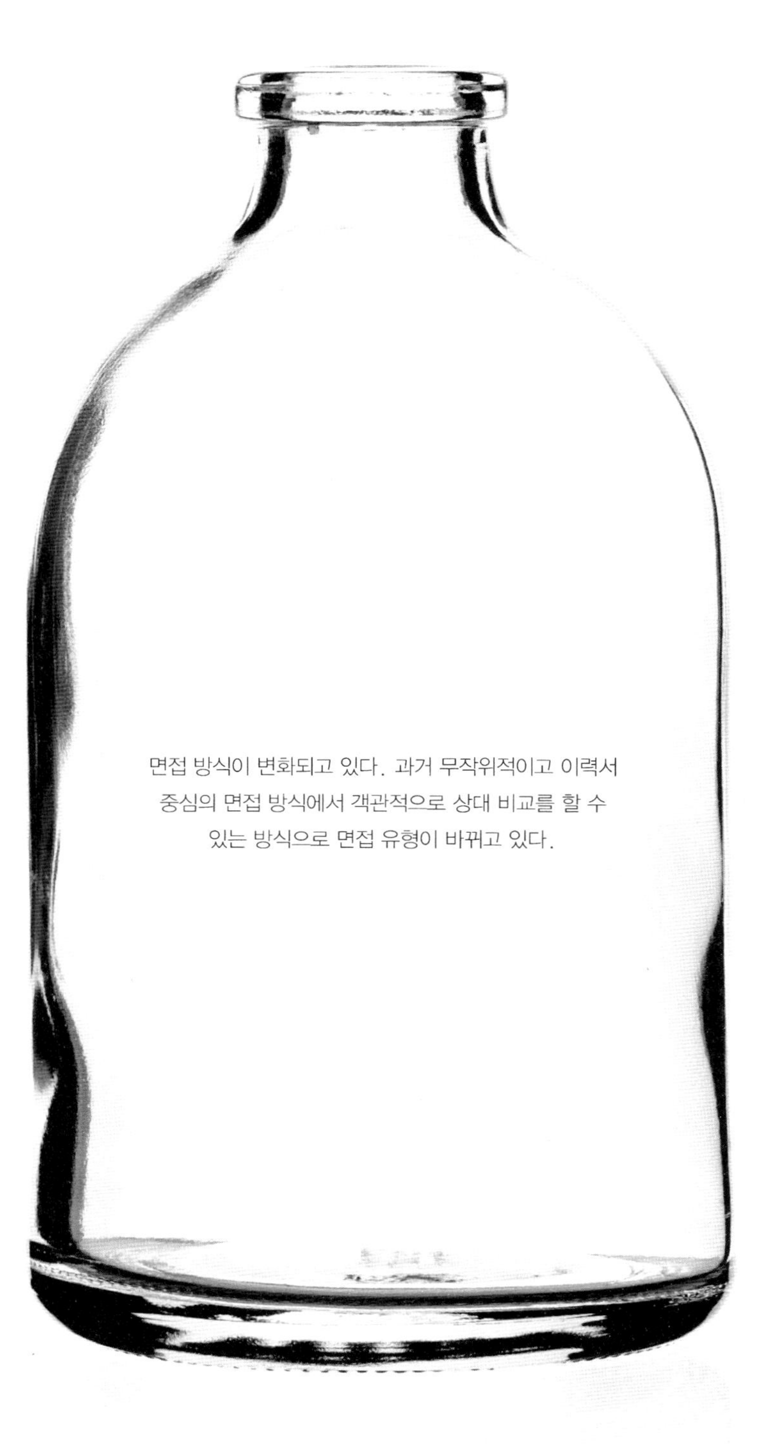

면접 방식이 변화되고 있다. 과거 무작위적이고 이력서
중심의 면접 방식에서 객관적으로 상대 비교를 할 수
있는 방식으로 면접 유형이 바뀌고 있다.

외국 회사의 사례를 보면, 사전 인터뷰라는 것이 있다. 정식 면접을 보기 전에 미리 형식에 구애받지 않고 자유스럽게 인터뷰를 진행하는 방식인데, 국내에서는 경력사원 채용인 경우 일부 회사에서 사용하기도 한다. 대부분의 신입사원 채용에서는 사용하지 않지만 채용 담당자가 유선으로 지원자와 통화를 하는 경우를 사전 인터뷰라고 생각을 해야 한다. 서류 전형 또는 면접이 진행되면서 채용 담당자가 지원자에게 이메일이나 전화로 전형 결과를 알려주는 경우가 있다. 이메일은 다수 지원자에게 알려 주는 방식이기 때문에 일방적인 의사소통 방식이지만, 지원자가 소수인 경우에는 해당 회사의 이미지 관리 차원에서라도 쌍방향 의사소통이 가능한 전화로 전형 결과를 알려준다. 여기서 지원자가 간과하는 것은 단순히 채용 담당자의 전화라고 하더라도 그 행위 자체가 사전 인터뷰라는 방식이 적용될 수 있다는 사실이다. 얼굴이나 표정이 안 보인다고 무뚝뚝하게 전화를 받거나 마치 별로 관심이 없는데 전화를 받았다는 인상을 주게 되면, 면접에 참가는 할 수 있으나 취업은 어려워질 수 있다. 지원자들은 채용 담당자와의 전화통화도 전형의 한 과정이라고 생각해야 한다. 최종 합격의 순간까지 절대 긴장을 놓지 말고 밝고 자신감 있는 목소리로 통화해야 한다. 면접을 위해서 회사를 방문하는 경우에도 이 논리가 적용된다. 면접을 보러 회사를 방문하면 먼저 면접 대기실에서 대기하게 되는데, 이때 항상 채용 담당자의 안내를 받게 된다. 안내해준 채용 담당자는 면접 대기실에서 같이 자리하는 경우가 다반사이다. 지원자의 입장에서는 단순히 안내해준 채용 담당자라고 생각하겠지만, 면접 대기실에서 지원자의 모든 행동을 주의 깊게 관찰하는 채용 담당자 역시 면접관이라고 생각해야 한다. 면접이 끝나고 면접관들은 자신들의 면접 결과를 다른 면접관들과 이야기하는 상황에서 채용 담당자에게 지원자별로 면접 대기실에서의 행동에 대해서 물어보는 경우가 있을 수 있다. 긴장감이 덜 한 면접 대기실에서 보여주는 지원자의 행동과 긴장감 속에서 본 지원자의 행동을 비교할 수 있기 때문에 채용 담당자의 의견도 면접 결과에 영향을 미친다고 할 수 있다. 그렇기 때문에 지원자는 서류 전형 이후 회사와의 관계에서 발생하는 모든 행동들이 면접 과정 속에 있다고 생각하고 조금은 긴장을 하고 있어야 한다.

지원자가 사전에 지원한 회사가 어떤 방식의 면접을 사용하는 알 수 있다면, 해당 방식의 면접을 준비하고 대처할 수 때문에 면접 전형이 상대적으로 쉬워진다. 어떻게 알 수 있느냐고 물어본다면, 채용 담당자에게 전화해서 물어보는 것이 가장 쉬운 방법이다. 면접 유형에 대한 질문에 대해서 마치 비밀인 것처럼 알려주지 않는 채용 담당자는 없다.

먼저 이 장에서는 가장 일반적인 면접 유형에 대해서만 알아보기로 하자. 최근에는 산업의 특수성이나 조직의 특수성에 따라 이색적인 면접 기법인, 현장 면접이라든가 음주 면접 등의 방식을 사용하기도 한다.

가. 단독면접(1:1 면접)

단독면접은 응시생 한 사람을 불러 한 사람의 면접관이 개별적으로 질의 응답하는 보편적인 방법이다. 회사 입장에서는 구체적이고 많은 정보를 얻을 수 있으나, 시간이 오래 걸리고 면접관의 주관(선입관)이 개입될 소지가 있다는 단점이 있다.

기업마다 인재를 채용하기 위해서 면접과정의 중요성이 높아지다 보니, 면접관도 과거처럼 단순히 회사의 중역이 해야 하는 역할이라기보다는 전문 면접관을 외부에서 초빙을 하거나 자체적으로 전문 면접관을 양성하고 있다. 전문 면접관은 우리가 알고 있는 면접 시 필요한 태도에 대해서 이미 잘 알고 있을 뿐만 아니라 지원자의 태도를 그 기준에 맞추어 평가를 한다. 그래서 면접 시 지켜야 하는 태도는 면접의 유형에 상관없이 꼭 지켜야 하는 원칙이다. 예를 들면 면접관의 눈을 보면서 이야기를 해야 한다는 것을 들 수 있다. 특히 단독면접에서는 시종일관 면접관과 단독으로 면접이 진행되기 때문에 눈을 보면서 이야기하는 행동이 어렵게 느껴질 수도 있다. 면접관의 눈을 보면서 이야기 하는 것이 너무나도 어렵게 느껴진다면, 면접관의 눈 보다 약간 높은 지점을 바라보면서 인터뷰를 하면 조금은 긴장감이 덜 할 수 있다. 물론 눈을 보라는 원칙을 깨는 것도 아니다. 하지만 약간 높은 위치를 이마 정도라고 생각을 하고 시선을 두어야 하는데 이마보다 높은 위치를 쳐다보면서 인터뷰를 하게 되면 눈을 의식적으로 피하는 태도로 면접관이 문제를 삼을 수도 있다는 것을 명심해야 한다. 단독면접은 시종일관 면접관이 지원자의 행동을 보고 있기 때문에 다른 면접 유형보다도 행동에 조심을 해야 한다. 평소에 긴장하면 다리를 떤다든가 몸을 좌우로 흔드는 사람이 있는데 이는 반드시 피해야 하는 행동이다. 면접관에게 집중력이 부족하다는 인상을 줄 수 있다.

나. 개인면접 (1:多 면접)

면접관 여러 명이 한 명의 응시생을 대면하여 질문하는 형식이다. 응시생에게는 단독면접보다 긴장을 요한다.

단독면접보다 지원자를 보는 면접관이 많으므로 면접 태도가 조금이라도 불량하게 되면 마이너스가 된다. 1:多 면접 시 주의할 점은 1:1 면접과 같이 면접관의 눈을 보면서 이야기해야 한다는 것이다. 일부 지원자들은 여러 면접관 중에서 가장 직책이 높아 보이는 사람을 중심으로 눈을 마주치는데 이는 결례가 될 수 있다. 질문한 면접관을 보면서 이야기하는 것이 면접관을 존중하는 것이다.

다. 집단면접

집단면접은 다수 면접관이 다수 응시생을 면접하는 방법이다. 중견기업 이상의 규모가 있는 기업에서 보편적으로 시행하며, 통상 5명의 면접관이 5명 내외의 응시생을 면접한다.

집단 면접에서 주의할 점은 같은 질문에 같은 답변을 해서는 안 된다는 것이다. 공통의 질문을 받았을 경우, 앞에 사람과 같은 의견이라는 말을 하고 나서 답변을 하는 지원자가 있는데 이는 면접관들 입장에서 보면 자기 주관이 없어 보일 수 있다. 같은 의미의 대답이라고 하더라도 하고 싶은 이야기를 자기 주관대로 이야기하는 것이 중요하다.

라. 집단토론식 면접

집단토론식 면접은 면접에 임한 응시생들에게 특정한 주제를 주고 토론해가는 과정을 평가하는 면접이다. 토의시간은 보통 팀당 30분 내외를 주고 한 팀의 인원은 보통 5~8명으로 구성한다.

집단 토론 면접에서 가점을 받기 위해서는 중재자의 역할을 자청하는 것이 좋다. 중재자의 역할을 하게 되면 자신의 의견을 주장하는 역할이 줄어드는 것처럼 보이겠지만, 실제로는 전체 팀을 이끌어가는 역할이기 때문에 리더십을 보여줄 기회가 된다. 비록 중재자의 역할이 아니더라도 자신의 의견을 보여줄 기회가 한 번 이상 주어지는데 평상시 해당 주제에 대한 개인의 의견을 진솔하게 이야기하면 된다. 주의할 점은 마치 싸움을 하는 것 같은 인상은 마이너스가 된다는 것이다.

한국주택 금융공사	면접관 2명에 응시자 10명이 1조로 집단토론을 실시. 토론 시간은 50분. 토론 주제는 '노숙자 문제를 해결하기 위한 방안은 무엇인가'와 같이 일반적인 상식선에서 출제. 집단토론 면접의 목적은 상식이 얼마나 풍부한가를 알아보기 위한 것이 아니라, 토론 과정을 지켜보면서 지원자들의 문제 제기능력과, 수습능력, 해결 방안을 찾는 과정을 보기 위한 평가 방식이다.

SK C&C	응시자 5명이 한 조를 이뤄 토론을 진행하게 되며 3~5명의 면접관이 이를 지켜보며 평가하는 방식이다.
SK텔레콤	1시간 동안 6~8명이 한 조를 이뤄 집단토론 면접을 보게 되며 이때 면접관 3~5명이 응시자들의 토론 과정을 지켜본다. 토론 주제는 찬반이 확실히 나뉘는 주제들로 구성되며 응시자들은 시사적인 내용과 직무 관련 내용 등 2가지 질문에 대해 토론을 벌여야 한다. 집단토론 면접에서 가장 중요한 평가항목은 표현능력이었으며, 자기 나름대로 논리적으로 자기능력을 발표해야 한다. 응시자의 패기, 자신감을 중시한다.
현대기아자 동차	토론 능력에 대한 평가가 상당한 비중을 차지한다. 사회적 이슈 가운데 찬반이 분명해 토론을 벌일 만한 주제가 출제되며 응시자 6~8명이 한 조를 이뤄 25~30분간 토론을 진행한다. 토론은 사회자 없이 진행되며 응시자들의 토론이 끝나면 면접관이 토론 내용과 연관된 질문을 1~2개 정도 한다.
기업은행	8명의 응시자가 한 조를 이뤄 30~40분간 면접을 보게 된다. 5명의 면접관이 토론하는 과정을 지켜보게 되며 면접 질문은 그때그때 시사성 있는 주제로 주어진다.
삼성전자	문제가 제시되면 20분 정도 각자 해석한 뒤 6~8명이 모여 30여 분간 토의하는 방식이다.

마. 주제 발표식 면접(프레젠테이션 면접)

기업에서는 프레젠테이션 면접을 통하여 지식, 시사상식, 전문성, 기획력, 분석력 등을 파악하고자 한다. 면접방법은 사전에 여러 주제를 던져주고 그 중 하나를 선택하여 5~10분 정도 준비시간을 거쳐 10~20분간 자신의 견해를 발표하는 방식이다.

프레젠테이션 면접에서 가장 중요한 태도는 자신감이다. 어차

피 모든 지원자에게 주어지는 주제의 난이도는 비슷하다. 물론 자신이 알고 있는 주제라면 좋겠지만 꼭 그렇지 않더라도 짧은 시간에 자신만의 특징을 살려서 프레젠테이션을 하는 것이 중요하다.

최근에 가장 많이 사용하는 방식이기 때문에 나중에 상세히 설명하도록 하겠다.

바. 압박 면접(스트레스면접)

"우리 회사와 맞지 않은 것 같은데?"와 같이 일부러 지원자의 말꼬리를 잡기도 하고, 지원자를 비난하기도 하고, 고의로 약점이나 핸디캡을 들춰내 질문을 던지는 면접유형이다. 이는 일부러 지원자를 긴장상황으로 몰아 넣고 그 상황에서 지원자가 어떻게 대응하는가를 관찰하려는 방법으로, 지원자의 자제력과 인내성, 판단력 등의 변화를 관찰하고자 한다.

압박 면접에서는 스트레스를 받을 수밖에 없는 상황이기 때문에 면접에 임하면서 아예 처음부터 압박면접이라고 생각하고 면접 환경에 적응하는 것이 포인트다. 되도록이면 그 상황을 즐기면서 스스로 스트레스를 적게 받는 것이 중요하다.

지원자 입장에서 가장 부담을 가지는 면접 유형은 단독 면접일 것이다. 다른 면접은 사전에 준비하면 조금은 여유를 가질 수있을 것 같은데, 단독 면접은 실무 면접보다는 대표이사와의 면접에서 흔히 사용되는 면접 유형이기 때문에 많은 부담을 가질 수밖에 없다. 대표이사와의 단독 면접에서는 부담감을 최대한 줄이는 것이 관건이다. 회사에 입사하더라도 계속 만나야 하는 회사의 중역이고, 상사라고 생각하고 면접에 임하게 되면 조금은 부담감이 줄어들 수 있다. 사전에 홈페이지를 통해서 대표이사 인사말이나 인터넷으로 대표이사 신년사 등을 찾아보고 대표이사의 기본적인 성향이나 인품을 알아두는 것도 한 방법이다.

1:多 면접에서는 여러 명의 지원자가 같이 있기 때문에 같은 질문에 앞선 지원자가 한 이야기를 반복적으로 답변하는 것은 옳지 못하다. 같은 답변을 생각하고 있었더라도 표현을 달리하여 답변하는 것이 좋다. 같은 답변을 하게 되면, 마치 아무 생각이 없는 지원자로 오해를 받을 수 있다.

집단 면접에서는 어느 면접관이 질문할지 모르기 때문에 집중이 더욱 필요하다. 질문을 받으면, 질문을 한 면접관만 보고 답변할 것이 아니라 질문을 한 면접관을 중심으로 모든 면접관의 눈을 본다는 생각으로 답변하는 태도가 필요하다.

집단 토론에서의 가점을 받을 수 있는 방법은 토론을 이끌어가는 리더 역할을 하라는 것이다. 아무래도 집단 토론에서 리더 역할을 하다 보면 의견을 제일 많이 제시하고, 토론 주제에 대한 자신의 의견으로 결론지을 수 있는 기회가 생기게 된다.

압박 면접에서의 포인트는 여유를 가져야 한다는 것이다. 자신뿐만 아니라 다른 지원자도 똑같은 상황에서 압박을 받기 때문에 모든 압박의 상황이 평등하다고 생각하고 면접에 임해야 한다. 기분이 상하는 질문을 받더라도 감정적으로 답변하지 말고 이성적으로 논리를 가지고 답변하는 태도를 보여 주어야 한다.

단독 면접 (1:1 면접)	• 소수 인원 채용에 적합하다. • 지원자에 대한 상대적인 비교 평가가 어려우며, 면접자의 편견 및 선입관에 의해 평가될 수 있다. • 면접 소요 시간이 길고 피면접자의 긴장도가 높다.	면접관의 과잉 친절에 유의하여야 한다. 간혹 학연이나 지연을 강조해 과잉 친절을 베풀어, 그런 상황에서 지원자가 쉽게 흐트러지지는 않는지를 평가하기 위한 "설정"이 있을 수 있다. 경계한다기보다는 일관된 차분함과 신중함을 유지한다는 마음자세를 가지는 것이 좋다.
1:多 면접	• 다수 면접자의 다양한 질문을 통해 지원자의 소양 및 자질을 다각적으로 판단할 수 있다. • 면접자들 간의 토의를 통해 판단 조정이 가능하다. • 피면접자 간 상대적 비교가 곤란하고 피면접자의 긴장 및 압박감이 심해지며 면접소요 시간이 길어진다.	자세, 시선관리, 어휘구사에 유의하여야 하고 답변 시 항상 질문한 면접관을 보면서 대답하여야 하며 중간중간 다른 면접관에게도 시선을 주어야 한다.

집단 면접	• 면접시간을 단축할 수 있으며 피면접자 간 상대적 평가가 가능하다. • 특정 면접자의 편견 및 선입견을 배제할 수 있으며, 한 면접자가 질문 시 다른 면접자가 피면접자를 관찰할 수 있다.	① 면접관은 면접자들을 비교 평가한다. 외모와 복장에 신경을 써야 한다. ② 질문이 없을 시(다른 면접자 답변 시) 불필요한 행동을 하지 말아야 한다. ③ '1분 이내의 자기소개'는 첫 질문의 99%를 차지한다. 따라서 자기소개는 반드시 준비한다. 이때 특기와 성격, 관심 분야 등으로 말한다.
집단토론	• 자유로운 토론 방식이므로 지원자의 긴장감이 적어 본연의 모습에 대한 관찰이 용이하며, 지원자의 지도성, 논리성, 표현력, 이해력, 판단력, 적응력, 협조성 등 다각적인 면에 대한 종합적인 판단이 가능하다. • 개인신상에 대한 질문은 불가능하며, 소극적이고 내성적인 지원자의 경우 가지고 있는 능력이 과소평가될 수 있다.	① 결론부터 이야기한다. ② 토론엔 정답이 없다. ③ 내 주장을 강조하지 마라. ④ 상대방의 의견을 반박하지 마라. ⑤ 상대가 이야기할 때 말을 끊거나 끼어들지 말라. ⑥ 상대의 이야기를 열심히 경청하라. ⑦ 첫 번째 발언을 피한다. ⑧ 메모하면서 토론한다.
프레젠테이션면접	• 지원자의 문제해결능력, 전문성, 창의성, 의사소통기술 등을 평가할 수 있다. • 일반적으로 프리젠테이션 후 면접자들로부터 질문을 받는 질의응답 시간이 이어진다.	언제나 결론부터 이야기 하고, 개요에 대하여 "첫 번째는 ~ , 두 번째는 ~ , 세 번째는 ~입니다. 그러므로 결론은 이렇습니다."와 같은 순으로 말한다.

| 압박 면접 | • 면접자가 피면접자로 하여금 의도적이고 인공적으로 심리적 불편함을 느끼게 유도해 긴장 상태 시 피면접자의 반응 및 행동을 관찰한다.
• 피면접자의 스트레스 대응 능력을 평가할 수 있다는 점에서 평상시 쉽게 발견되지 않는 자제력, 인내력, 적응력 등을 평가할 수 있다.
• 면접자의 상당한 자질 및 능력이 요구된다. | 긴장하거나 당황하지 말고 여유롭게 대처하는 것이 필요하다. |

구조적 면접기법과 비구조적 면접기법이 어떤 의미인지를 알아야 한다. 지원한 회사가 면접을 어떤 방식으로 진행하는지 알아야 제대로 대비할 수 있다.

먼저 비구조적인 방식의 면접기법은 전통적으로 사용된 면접기법을 생각하면 된다. 주로 입사 지원서의 내용을 토대로 질문을 하는데 지원자별로 입사 지원서의 내용이 다르기 때문에 질문하는 내용도 지원자별로 다를 수밖에 없다. 드라마에서 가끔 나오는 회사 면접 장면이 대부분 전통방식의 비구조적인 방식이므로 조금은 쉽게 이해가 되고 대처가 비교적 용이하다고 볼 수 있다. 비구조적인 방식의 면접기법은 입사 지원서의 내용을 토대로 면접관이 지원자에게 궁금한 사항을 지원자에게 개별적으로 질문을 하다 보니, 각 지원자의 능력을 측정하는 데 있어서 명확한 기준이 없다고 해도 과언이 아니다. 이런 한계로 인해서 능력보다는 말을 잘하는 지원자를 뽑게 되는 오류를 범할 수가 있다. 그러한 문제점을 해결하기 위해서 구조화된 면접 기법이 개발된 것이다. 현재 많은 대기업에서 주로 사용하는 면접기법이다.

구조화된 면접기법은 정형화된 질문 유형을 가지고 면접을 보는 방식이다. 지원자 별로 다른 질문을 하는 것이 아니라 공통된 질문을 하면서 보고자 하는 지원자의 역량을 체크하는 방식이다. 같은 질문이기 때문에 유사한 답변이 나올 것 같지만 실제 면접을 진행하다 보면 같은 질문이더라도 다른 답변을 듣는 경우가 흔하다. 그래서 구조화된 면접 기법에서는 면접관의 전문성이 요구된다. 다른 답변을 듣더라도 다른 답변에서 보고자 하는 지원자의 역량을 명확하게 집어낼 수 있어야 하기 때문이다. 구조화된 면접의 예는 우리가 흔히 말하는 역량 면접을 들 수가 있다. 역량 면접은 후보자의 가장 최근의 경험을 가지고 해당 역량이 있는지를 검증하는 방식이다. 한 가지의 경험을 가지고 연관된 질문을 계속하기 때문에 지원자의 입장에서는 조금이라도 과장되게 이야기하게 되면 다음 질문에 답변을 못하는 경우가 발생하게 된다. 역량 기반의 면접 기법을 보통은 CBI(Competency Based Interview) 또는 BEI(Behavior Based Interview)라는 용어를 사용해서 부른다. 약간의 질문지 유형에서의 차이는 있을지라도 그 원리는 구조화된 면접기법의 원리로 운영되어지기 때문에 지원자 입장에서는 큰 차이를 느끼지 않는다. 구조화된 면접

기법을 이해하기 위해서는 먼저 용어의 종류에 상관없이 구조화
된 면접 기법의 중요한 요소인 역량(Competency)이라는 개념을
이해해야 한다.

구조화된 면접 기법에서 가장 대표적인 것이 역량을 기반으로 한 면접기법이다. 그래서 역량이 무엇인지 어느 정도의 개념을 가지고 있어야 역량 기반 면접 방식을 이해할 수 있다.

역량(Competency)이라는 용어적 의미를 보면, '경쟁', '유능한'이라는 의미가 있다. 조금 더 회사 측면에서 용어를 정리하면, '높은 성과를 올리기 위해서 발휘되는 능력'이라고 정의할 수 있다.

컴피턴시 정의: 높은 성과를 올리기 위해서 안정적으로 발휘되는 능력
- '업무를 잘 수행하고 있는 사람이 발휘하고 있는 모든 행동 특성'
  (구체적인 행동사례에 의한 분석)
- '높은 성과를 내기 위한 능력'(성과는 업무에 따라서 다름)

왜? 능력이라는 것을 '컴피턴시'라는 단어로 표현하는가?
- Compete: 경쟁이나 경합, 다른 사람과 비교하여 경쟁력이라는 점에
  서 뛰어나다는 의미
- Competent: 유능함, 한 사람 몫 혹은 그 이상의 일을 해 낼 수 있는
- 결론: competency 단어 속에는 경쟁을 전제로 하여, 그 가운데 능력을
  발휘하는 힘이라는 의미 내포.

회사에서 높은 성과를 내기 위해서 발휘되는 능력이라는 것을 과거에는 정태적의 의미의 Ability나 Capability라는 용어를 사용했지만, 하나의 요건으로서의 개념정리에서 끝나는 것이 아니라 살아서 움직이는 동적인 능력을 새롭게 정의하기 위해서 Competency라는 용어를 선택하게 된 것이다. Competency라는 용어는 과거의 Ability나 Capability와는 개념적 의미에서의 차이가 있을 뿐만 아니라 실제 회사 생활에서 성과를 내기 위한 행동이라는 실제적 의미의 차이가 존재한다.

역량의 개념

역량(Competency)?

능력을 의미하는 다양한 표현들 ————————————————————→ 전문적, 행동적 능력

Ability	Capability	Competency
일을 완수하는 선천적인 정신력, 체력, 인격, 근무 태도, 기력 등	요구되는 자격, 직무 요건 등의 조건을 만족시키는 능력	*요구되는 것을 달성하기 위해 자립적으로 행동을 선택하여 성과에 연계 시키는 '능력'*

> Competency란 실제 업무 현장에서 고성과자와 평범한 성과자간의 성과차이를 결정하고, 비교적 지속적으로 유지되는 능력(지식, 기술, 가치를 포괄하는 개념)
>
> *정태적이고 고정적 개념의 Ability나 Capability에서 더 나아가, Competency는 이들 능력을 업무에 활용하는 동태적 개념의 '행동 능력'을 말함.*

➢ 역량(Competency)이란?

- 1973년, 사회심리학자인 David MacClelland 에 의해 처음 소개
  → 조직이 추구하는 가치나 비전을 달성할 수 있도록 업무를 성공적으로 수행해 낼 수 있는 조직원의 행동특성으로 정의

- 1973년, Parry: 개인이 수행하는 핵심업무에 영향을 주고, 업무성과와 관련성이 높으며, 조직의 성과기준에 따라 측정될 수 있으며, 교육·훈련을 통하여 개선될 수 있는 지식·기술·태도의 집합체

- 1998년, Spencer & Spencer : 특정한 상황이나 직무에서 준거에 따른 효과적이고 우수한 수행의 원인이 되는 개인의 내적인 특성

공통적 특징 >

하나. 업무성과 및 수행과의 연결성을 강조 (역량은 반드시 성과를 산출할 수 있는 수행능력과 직결되어야 함)

하나. 객관적으로 습득되는 '지식'의 영역, 업무 테크닉과 기술을 다루는 '기술'영역, 개인적 특성과 동기와 관련된 '태도'영역의 집합체

하나. 관찰과 측정이 가능한 준거로 표현

역량이 동태적 개념이라고 이야기하는 것은 하나의 역량이 여러 가지 형태의 행동으로 발현된다는 이야기이다. 역량 기반의 면접은 그러한 개념에서 지원자의 과거 행동을 보고 그 역량이 발현되는지를 발견해 나가는 과정이다.

Competencies & Behaviors

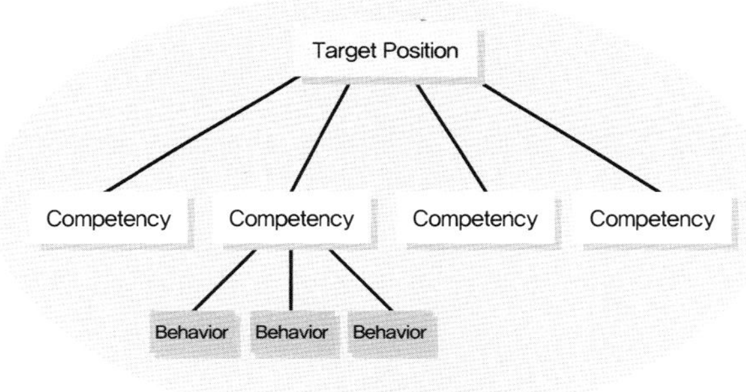

성공적인 직무수행을 위하여 지원자는 특정한 Competency 를 보유하고 있어야 합니다.
각각의 Competency는 그 Competency를 구성하는 Behaviors 로 다시 나누어 집니다.

What is Behavoprs?

직무 책임과 관련된 관찰 가능한 활동 "말하는 것. 행하는 것"

Competency 발현 이미지

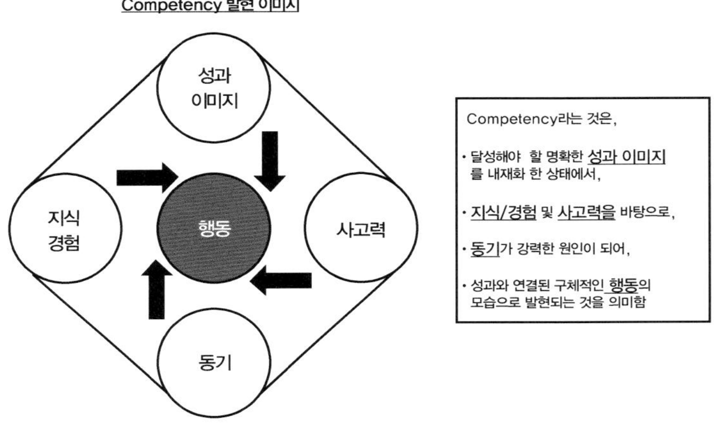

　　역량의 구성을 이야기하는 경우에 항상 제시하는 그림이 빙산 모형이다. 역량은 눈에 보이는 지식과 같은 분야와 눈에 보이지는 않지만 성과와 더욱 밀접한 관련이 있다고 이야기하는 태도와 같은 부분으로 구분할 수 있다. 눈에 보이는 부분은 빙산에서 수면 위에 있는 부분으로 다른 사람과의 차별성이 거의 없다고 볼 수 있는 역량인데, 빙산에서의 수면 아래에 있는 부분은 눈에 보이지는 않지만 실제로 성과를 내는 데 더욱 중요한 역할을 하는 역량으로 면접에서는 눈에 보이지 않는 빙산 아래 부분인 태도 역량을 평가한다.

역량의 구성

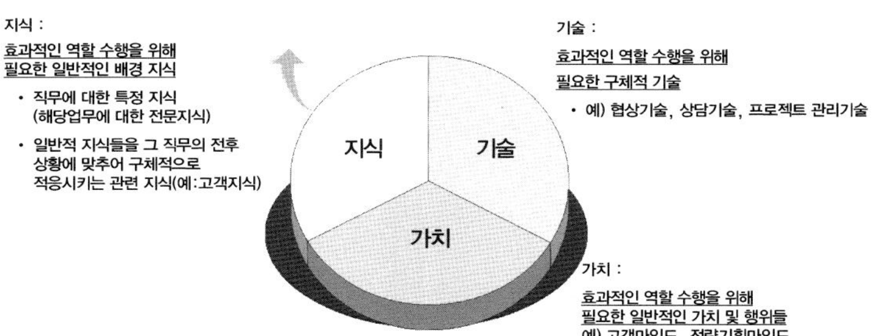

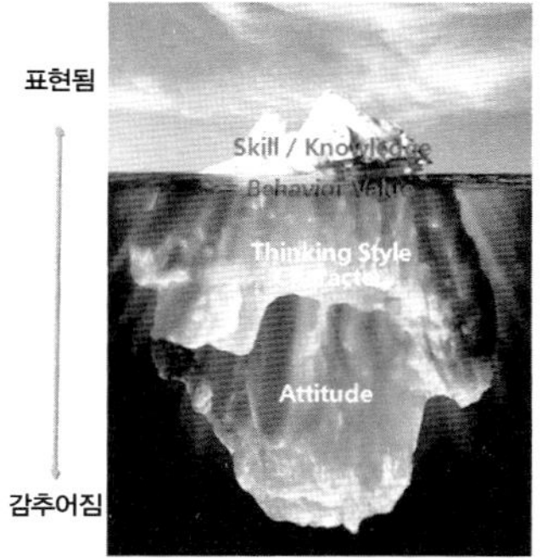

면접과정에서 평가해야 하는 역량이 눈에 보이지 않는 역량이기 때문에 해당 역량이 있는지 없는지 판단하기가 쉽지 않은 영역이다. 그래서 행동을 가지고 해당 역량이 있는지를 판단한다. 역량 면접은 면접관이 직감적으로 지원자가 해당 역량이 있는지 없는지를 판단하는 것이 아니라 과거의 행동을 통해서 해당 역량이 있는지 없는지를 판단하는 방식이다. 과거의 행동을 물어보는 질문 유형으로 구성되어 있기 때문에 지원자에게 해당 역량에 대한 질문이 사전에 정의되어 있다. 물론 면접관이 유연성 있게 질문을 수정하여 사용할 수는 있지만 질문이 요구하는 범위를 벗어나지 않는 범위 내에서 수정하여 사용해야 한다.

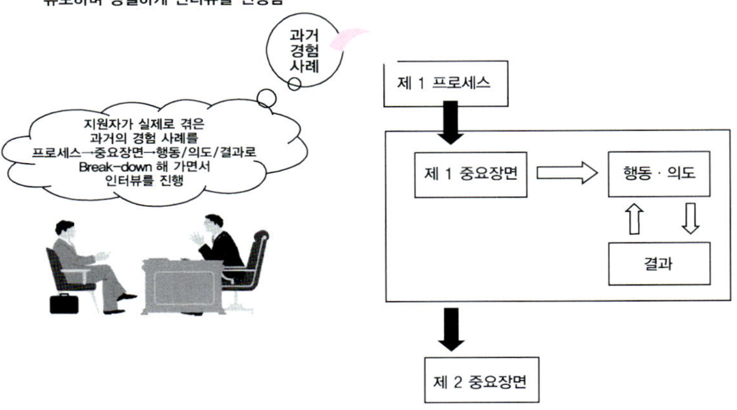

다시 정리하면, 역량 기반의 면접 기법은 과거 경험 사례를 가지고 해당 역량이 제대로 발현되는지 행동 위주의 면접 기법이다. 지원자의 경험이 다 다르므로 같은 질문에도 다른 답변이 나오는 것은 당연하다. 따라서 역량 면접의 질문 유형을 아는 것이 의미가 없을 것 같지만 그 유형을 아는 것만으로도 면접을 하는 데 있어 도움이 된다. 역량 면접 유형에 대한 사전 숙지는 지원자가 어떤 방식으로 면접에 답변을 할 것인가를 미리 생각해 볼 시간을 만들어 준다. 다음 장의 역량 면접의 질문 유형은 회사마다 인재상이 다르고 인재상에 따른 구성된 역량이 다르므로 모든 유형의 질문 형태를 담을 수는 없다. 하지만 대표적인 질문 유형을 이해하는 것만으로도 지원자들은 어렵게만 느껴지는 역량 면접의 실체를 파악할 수 있다.

　이제부터 제시되는 역량별 질문 유형은 실제로 면접관이 면접에서 사용하는 질문지이다. 면접에서 사용되는 질문 유형은 두 가지로 구분한다. 개방형 질문과 폐쇄형 질문으로 나뉘는데, 개방형 질문은 설명식의 답변을 요구하는 유형이고, 폐쇄형 질문은 단답형의 답변을 요구하는 질문이다. 역량 면접의 모든 질문은 개방형 질문으로 구성되어 있고, 하나의 질문으로 끝나는 것이 아니라 계속해서 그 내용이 이어지는 질문으로 구성된 특징이 있다. 또한 행동 척도를 5단계로 구분하여 평가하는데, 행동 척도도 구체적으로 어떤 행동인지가 명확하게 구분되어 있다.

　다음의 9가지 역량을 어떤 방식으로 질문하는지 익히게 되면, 다른 형태의 역량과 관련된 질문이 나오더라도 당황하지 않고 면접을 볼 수 있을 것이라고 확신한다.

☞ 고객 만족은 비즈니스의 성공을 결정하는 중요한 요소입니다. 학교 생활 중에 아르바이트했던 경험에 대하여 말씀해 주십시오. 그때 외부고객이 다소 무리한 요구를 할 수 있습니다. 그런 경험에 대해서 말씀해 주십시오.

| 고객의 요구에 대응한다. | ✓ 그런 경우에 관련하여 효과적으로 대응한 사례가 있었습니까?
✓ 그 고객이 만족하였습니까?그렇다면 어떻게 확인하셨습니까? | 1. 특별한 요구를 하는 고객이 있더라도 단지 표준의 제품/서비스 만을 제공하거나 follow-up 없이 다른 사람에게 일을 넘긴다.
2. ________________
3. 고객의 요구나 문제에 대응하기 위해 기존의 방법이나 프로세스를 이용한다.
4. ________________
5. 주인의식을 바탕으로 활용 가능한 모든 자원을 신속하게 찾아내고, follow-up을 통해 고객 만족을 확인한다. |

고객의 니즈를 명확히 한다.	[때로는 고객이 자신이 원하는 것을 전부 표현하지 않을 수도 있고 정확히 모를 수도 있습니다.] ✓ 말씀하신 경우에서 고객의 니즈가 명확해질 수 있도록 고객에게 어떤 도움을 주셨습니까? ✓ 현재의 고객 니즈가 장기적 관점까지 고려하여 고객에게 바람직한 것인지 어떻게 확신하셨습니까?	1. 고객이 하는 말이 니즈의 전부라고 생각하거나 고객의 니즈를 확인하지 않는다. 2. ____________________ 3. 명확하지 않은 고객의 니즈를 파악하기 위해 고객과 함께 명확한 것과 명확하지 않은 것을 구분한다. 4. ____________________ 5. 고객의 장단기 목표 / 전략의 관점에서 니즈가 명확해지도록 돕고 정보를 제공함으로써 컨설턴트의 역할을 한다.

☞ 직무에 상관없이 전문성이 점점 강조되고 있습니다. 현재 지원하신 직무에 필요한 전문성이 어떤 것인지 설명하여 주시기 바랍니다.

전문성을 보여준다.	✔ 본인이 전문지식/기술에 관해 최신의 정보를 어떻게 유지하고 있습니까? ✔ 본인의 전문지식/기술에 관련하여 주변에서 도움이나 조언을 요청하는 사람이 있습니까? 있다면, 어떤 사람들이고 무슨 내용에 대한 것입니까?	1. 자신의 지식 및 전문성이 시대에 뒤떨어지는 것을 방치하고 자극 받을 때만 update 한다 2. ______________________ 3. 직무관련 전문지식에 대한 깊은 이해를 보이고 기술적 질문에 적절히 대답할 수 있다. 4. ______________________ 5. 첨단지식을 보유한 해당분야의 전문가로 인정 받고 있어 다른 사람들이 자주 조언을 구한다
지속적인 전문성 개발을 장려한다.	✔ 본인의 전문지식/기술에 대한 강점과 약점은 무엇입니까? ✔ 자신의 전문성을 좀 더 강화하기 위하여 특별히 어떤 계획을 실천하고 있습니까? ✔ 다른 사람들의 전문성 강화에 어떻게 도움을 주고 계십니까?	1. 자신의 전문성에 대한 강/약점을 파악하고 향상을 위한 다소의 노력을 기울인다. 2. ______________________ 3. 자신의 전문성에 대한 숙련도를 측정하고, 개발계획을 수립, 실천한다. 4. ______________________ 5. 자신의 전문성 개발 필요점을 진단하고 향상을 위한 계획을 실천하며, 다른 사람들도 그렇게 하도록 독려한다.

☞ 누구나 신중하게 의사 결정해야 하는 순간이 있기 마련입니다. 많은 자료를 수집하고 분석해서 좋은 결정을 내렸던 경험에 대하여 말씀해 주십시오.

| 의사결정에 필요한 정보 및 데이터를 찾는다. | ✓ 결정을 내리는 데 무슨 정보가 필요했습니까?
✓ 필요한 정보를 어디에서 찾아내셨습니까?
✓ 그 정보가 믿을 만하다고 생각했습니까? 왜 그렇게 생각했습니까? | 1. 비즈니스 의사결정을 내리기 전에, 즉시 수집 가능한 정보만을 찾는다.
2. ______________________
3. 비즈니스 의사결정을 내리기 전에, 다양한 소스로부터 관련된 정보를 수집하고자 노력한다.
4. ______________________
5. 결론을 내리기 전에, 다양한 소스로부터 정보를 수집한 뒤 정보의 정확성을 검증하고 핵심 전제들을 확인한다. |

| 트랜드나 패턴에 대하여 정보 및 데이터를 분석한다. | ✔ 찾아낸 정보들을 분석할 때, 주로 어떤 점들을 보셨습니까?
✔ 찾아낸 정보들 간의 공통점이나 차이점(모순점)은 어떤 것들이었습니까? | 1. 수집된 정보의 공통점, 모순점 등을 확인하지 않고 각각의 정보를 독립적으로 분석한다.
2. ______________
3. 수집된 정보의 공통점, 모순점 등을 확인하여 분석한다.
4. ______________
5. 미세한 공통점까지도 확인하고 쉽게 파악하기 어려운 관계성까지 발견한다. |
| 다양한 정보 및 데이터를 종합하여 정확한 예측 및 결론을 내린다. | ✔ 그래서 어떤 결론을 내렸습니까?
✔ 그 결론이 타당하다고 생각한 이유는 무엇이었습니까?
✔ 결론을 내리기에 찾아낸 정보는 충분했습니까? 불충분했다면 추가로 필요한 정보는 무엇이었으며, 최종 결정에 어떤 도움을 주었습니까? | 1. 불완전한 정보를 바탕으로 미숙하거나 부정확한 예측을 한다.
2. ______________
3. 즉시 수집 가능한 정보만을 활용하여 대체로 맞는 예측 및 결론을 내린다.
4. ______________
5. 다양한 데이터를 활용하여 정보의 관련성 및 한계성을 평가하고 필요한 추론과정을 거친 뒤 유용하고 정확한 결론을 내린다. |

의사결정 시 정보 및 데이터의 비즈니스 관련성 또는 임팩트를 평가한다.	✔ 결정을 내릴 때, 본인의 미래나 주변 사람들에게 그 결정이 어떤 영향을 미칠 것이라고 생각하셨습니까? ✔ 그런 결정을 위해서 평소에 축적해 온 정보들이 있었습니까? 있었다면 그 정보들이 결정을 내릴 때 어떤 도움을 주었습니까?	1. 정보가 가지는 비즈니스 관련성 또는 임팩트를 고려하지 않고 결정을 내린다. 2. ___________________ 3. 정보가 가지는 비즈니스 관련성 또는 임팩트를 파악한 뒤 의사결정 시 고려한다. 4. ___________________ 5. 장기간에 걸쳐 정보를 모니터함으로써 비즈니스 패턴 및 임팩트를 확인하고 의사결정 시 이를 반영한다.

☞ 경험이 없는 전혀 새로운 일에 직면하여 해결했던 경험에 대하여 말씀하여 주십시오.

| 새로운 일에 대한 접근 방식을 결정한다. | ✔ 새로운 문제에 대한 그러한 행동을 한 판단의 이유에 대하여 설명하여 주십시오. 그러한 경험에서 본인이 느꼈던 점은 무엇이었습니까? | 1. 새로운 문제가 발생할 경우 회피하는 경향을 지니고 있다.
2. ___________
3. 새로운 문제에 접근 방식이 과거의 경험에 근거하여 행동한다.
4. ___________
5. 새로운 문제에 대하여 새로운 아이디어를 가지고 접근하며, 최적의 방안을 선택한다. |

☞ 목표를 세우고 계획에 따라 실천하는 것이 때로 필요합니다. 어떤 중요한 목표를 달성하기 위해서, 세부적인 계획을 세워 스케줄 대로 진행했던 그런 경험에 대하여 말씀해 주십시오.

| 목표달성에 요구되는 업무활동을 결정한다. | ✔ 계획을 수립하는 단계에서, 향후에 필요한 활동들을 어느 정도까지 세부적으로 파악했습니까? 예를 들어 말씀해 주십시오. | 1. 목표달성에 요구되는 업무활동을 명확히 파악하지 않고 나름대로 추측한다.
2. ________________
3. 목표달성에 요구되는 업무활동(예, 필요자원/기술에 대한 지원 요청 방안) 대부분을 파악하지만, 때로는 일부의 활동만을 파악하고 업무를 진행한다.
4. ________________
5 주어진 목표와 연관되는 모든 중요한 활동 단계들을 결정한다(예, 관련자의 지지를 얻어내는 방안). |

발생 가능한 장애를 예측하고 대응방안을 마련한다.	✓ 계획에 따라 추진하더라도 예상치 못한 상황이 생길 수도 있고, 목표했던 대로 일이 진행되지 않을 수도 있습니다. 그런 때를 대비하여 계획해 놓은 활동이 따로 있었습니까?	1. 문제가 발생한 후 대처한다. 2. ____________________ 3. 문제의 징후를 발견하고 이를 예방하기 위한 조치를 취한다. 4. ____________________ 5. 문제가 될만한 상황이나 잠재적인 리스크를 예측하고, 철저한 예비 계획을 마련하여 예방 및 대응한다.
목표달성을 위하여 업무활동의 우선순위를 정한다.	✓ 계획했던 활동들 중에 특히 중요한 것은 무엇이었습니까? ✓ 스케줄에는 그런 중요성을 어떻게 반영하였습니까?	1. 활동을 전략적으로 미리 계획하지 못하고 그때그때 수행한다. 2. ____________________ 3. 단기 목표달성을 위한 일주, 주간 등 업무 우선순위를 정하고 필요에 따라 조정한다. 4. ____________________ 5. 장단기 목표 달성에 영향을 미치는 임팩트 및 중요도를 고려하여 업무활동의 우선순위를 정한다.

| 진척도, 질적 수준, 성공에 대한 명확한 측정지표를 설정한다. | ✓ 계획대로 잘 진행되고 있는지 어떤 방법으로 확인하셨습니까?
✓ 각 단계의 활동에서 잘 되고 있다라는 기준은 어떤 것이었습니까? | 1. 최종 목표의 달성 여부는 측정하지만 단계별 세부활동은 모니터 하지 않는다.
2. ___________________
3. 정기적으로 단계별 세부활동을 모니터 하지만 한 가지의 표준화된 측정지표에 의존한다.
4. ___________________
5. 단계별 세부활동에 대한 다각적인 측정지표를 설정하여 목표가 달성되고 있는지 정기적으로 관리한다. |

☞ 상대방하고 의견이 달라서, 의견 충돌이 생겼습니다. 이런 상황에서 본인은 상대방을 어떻게 설득하시나요?

분명하고 정확하게 정보 및 아이디어를 표현한다.	✓ observation	1. 때때로 표현이 분명치 않으며 메시지나 아이디어 전달이 부정확하다. 2. ______________ 3. 분명하고 정확하게 정보를 전달한다. 4. ______________ 5. 핵심을 요약하여 분명하고 정확하게 정보를 전달한다.
상대방이 말하고자 하는 것에 세심한 주의를 기울인다.	✓ observation	1. 주의를 기울이지 않거나 말을 가로막아 중요한 정보나 세세한 점을 놓친다. 2. ______________ 3. 말을 가로막지 않고 상대방의 말에 주의를 기울인다. 4. ______________ 5. 말뿐만 아니라 제스처나 표정 등의 의미에도 세심한 주의를 기울인다.

자신의 견해를 설득력 있고 허심탄회하게 표현한다.	✓ observation	1. 설득력 있는 논리나 근거를 제시하지 않고 자신만의 입장과 아이디어를 전달한다. 2. ______________________ 3. 자신의 생각에 대한 명확한 이유를 전달한다. 4. ______________________ 5. 자신의 견해에 대해 공감할 수 있는 근거(예, 개인적 경험, 증거, 전문가의 소견, 유추, 예시, 제3자의 경험담)를 허심탄회하게 제공하여 상대방의 지지를 이끌어 낸다.
대상자와 상황에 따라 커뮤니케이션 스타일을 조정한다	✓ observation	1. 자신만의 커뮤니케이션 스타일에 의존하며 다양한 대상자의 요구에 적응하지 못한다. 2. ______________________ 3. 상대방이 이해하지 못했다는 것을 표현할 때 자신의 커뮤니케이션 스타일을 조정한다. 4. ______________________ 5. 상대방의 말, 제스처, 표정 등을 통해 이해 수준을 모니터하면서 자신의 커뮤니케이션 스타일을 조정해 나간다.

상대방에게 견해를 표현하고 공유하도록 격려한다.	[어떤 일을 추진하다가 본인의 의견이 다른 사람의 강한 반대에 부딪쳐서, 설득해야만 했던 경험에 대해 말씀해 주십시오.] ✓ 그 사람이 왜 반대했었습니까? ✓ 그것이 반대의 이유인 것을 어떻게 알게 되었습니까? ✓ 그러한 반대에 대해 어떤 말이나 행동으로 대응했습니까?	1. 상대방의 관점을 이해하려 하지 않고 자신의 생각만을 전달한다. 2. ___________________ 3. 상대방 견해에 대한 이유나 가정을 설명해 줄 것을 요청한다. 4. ___________________ 5. 상대방의 견해에 대하여 진지한 관심과 존중을 표현하고, 깊은 이해를 위해 입장을 설명해 줄 것을 요청한다.

| 서로 간에 바람직한 결과를 위한 대화를 촉진한다. | ✔ 그런 반대를 사전에 예상했었습니까?
✔ (예상했다면) 사전에 어떤 준비를 했었습니까?
✔ 결과적으로 그 일은 누구의 의견대로 진행되었습니까? 또 그렇게 진행된 결과는 서로에게 바람직한 것이었습니까? | 1. 상대의 반응을 고려하지 못하고, 협상의 여지 없이 자신의 기대만을 단순히 전달한다.
2. ________________
3. 반발이나 부정, 협상 등의 여지를 고려하여 대화를 시도한다(그러나 대응전략을 미리 준비하지 못하므로 때로는 상호 바람직한 결과에 도달하지 못한다).
4. ________________
5. 상대의 대응 또는 조직 장애를 예측하고 서로 간의 바람직한 결과를 도출하기 위하여 협상전략을 가지고 대화에 임한다. |

☞ 실생활에서 새로운 아이디어를 내고, 적용하여 좋은 결과를 얻었던 경험에 대해서 말씀해 주십시오.

| 가치를 높이기 위하여 기존의 방법들을 수정하고 향상시킨다. | ✓ 왜 그 아이디어를 생각하게 되었습니까? 기존 방식에 특별히 문제가 있었습니까?
✓ 그 아이디어를 적용하여 어떤 효과가 있었습니까? | 1. 새로운 방법 및 실행방식을 시도하는 것에 저항한다.
2. ____________
3 비효율적, 비능률적인 업무 프랙티스를 찾아내어 보다 나은 프랙티스, 프로세스, 솔루션에 도전한다.
4. ____________
5. 기존 업무 방식에 문제가 없더라도 작업 프로세스를 향상시키기 위한 방법들을 찾거나 주도하여, 고효율 및 기업목표를 달성한다. |

창조적인 아이디어를 낸다.	✔ 대개 아이디어가 떠오르면 어떻게 하십니까? ✔ 본인이 아이디어를 얘기하면, 대체로 주변의 반응은 어떻습니까? ✔ 최근에 본인이 생각했던 다른 아이디어를 1가지만 더 말씀해 주십시오.	1. 요청 받을 때만 아이디어를 낸다. 2. ________________ 3. 새롭고 창조적인 아이디어를 제안하는 데 주저하지 않는다. 4. ________________ 5. 창조적인 아이디어를 지속적으로 제시하고 타인으로부터 아이디어 뱅크로 인정받는다.
타인을 혁신적이 되도록 촉진한다.	[질문을 바꾸어 이번에는 다른 사람의 아이디어를 들었던 상황을 떠올려 주십시오.] ✔ 최근에 들었던 아이디어 중에서 기억나는 한 가지만 말씀해 주십시오. ✔ 그 아이디어를 듣고 어떤 말을 해 주었습니까?	1. 새로운 아이디어에 저항하고 타인의 제안을 평가하는 경향이 있다. 2. ________________ 3. 혁신적 사고에 개방/지원적이고, 발전을 저해하는 전통적인 방식에 기꺼이 도전한다. 4. ________________ 5. 비즈니스 성과를 지속적으로 향상시키기 위하여, 기존의 관점에 도전하도록 자신 및 타인을 고무시킨다.

미래의 불확실한 이득을 실현하기 위해 필요한 위험감수를 실천하고 지원한다.	✔ 다른 사람들의 아이디어 중에서 내용은 획기적이지만, 결과가 불확실한 것을 들은 적이 있습니까? 그때 어떻게 하였습니까? ✔ (없었다면) 그런 상황이 생긴다면 어떻게 하시겠습니까?	1. 혁신의 기회를 회피하거나 시도해보지 않은 방식은 고려하지 않는다. 2. ___________ 3. 혁신을 위해 위험감수는 필요하다고 생각하지만, 예측과 통제가 가장 확실한 솔루션을 선호한다. 4. ___________ 5. 리스크를 변화의 기회로 인식하고, 조직 내에 의사소통하며, 결과가 불확실한 아이디어를 기꺼이 지원한다.

☞ 정보를 공유하기 위한 채널로서 인적 네트워크나 커뮤니티를 형성하는 경우가 많습니다. 학교나 사회생활 중에 앞으로 회사 일을 하면서 도움을 받을 수 있는 인적 네트워크에 대해 말씀해 주십시오.

현재의 관계 및 네트워크를 확대한다.	✓ 어떻게 그런 네트워크를 가지게 되었습니까? ✓ 그런 종류의 다른 네트워크가 또 있습니까?	1. 이미 관계가 형성된 사람들 또는 관심사가 유사한 사람들과만 교류한다. 2. ______________________ 3. 지원과 협조를 요청할 수 있는 개인적 네트워크를 가지고 있으며, 새로운 관계 형성을 위해 지속적으로 행동한다. 4. ______________________ 5. 정보를 공유하는 복수의 네트워크를 형성하고, 서로 지원하고 협조한다.

| 전략적으로 네트워크를 형성한다. | ✔ 어떤 목적을 가지고 본인이 주도적으로 만든 네트워크가 있습니까? (있다면) 그 안에는 어떤 사람들이 포함되어 있습니까?

✔ 왜 그런 분들을 포함하였습니까? | 1. 개인적 친분에 의존하여 비즈니스 목표를 달성하고자 한다.
2. ______________
3. 목표달성을 위해 당장 필요한 사람들만 사귀려 한다.
4. ______________
5. 영향력 있는 사람 혹은 정보나 핵심 자원을 활용할 수 있는 사람들을 파악하고, 네트워킹 하며, 파트너십을 형성한다. |
| 현재의 관계를 지속, 강화한다. | [구축된 네트웍을 유지하고, 거기에서 좀 더 나은 정보를 얻기 위해서는 네트워크 내의 신뢰관계형성이 중요합니다.]

✔ 그러기 위해서 평소에 어떤 노력이나 활동을 하고 계십니까? | 1. 기존의 대인관계에 안주하여, 유지·지속하기 위한 구체적 행동을 취하지 않는다.
2. ______________
3. 대인관계를 유지하기 위해 다양한 방법을 사용한다(예, 다양한 의사소통, 개별 접촉, 정보 공유)
4. ______________
5. 신뢰와 존중을 구축하는 방식으로 행동함으로써 대인관계를 향상시키고 강화한다. |

| 타인과 지식을 공유한다. | ✔ 네트워크 내의 사람들과 어떤 수준의 정보를 주고 받습니까?

✔ 네트워크 내의 정보공유가 원활하게 잘 이루어지도록 어떤 노력을 기울이고 있습니까? | 1. 최소한의 정보 또는 중요하지 않은 정보만을 공유한다.
2. ＿＿＿＿＿＿＿＿＿＿
3. 자신의 정보공유 의지를 표현하고 다른 사람들에게도 공유해 줄 것을 요청한다.
4. ＿＿＿＿＿＿＿＿＿＿
5. 서로의 정보, 전문성, 지식을 공유하기 위해 실질적인 대화를 나눈다. |
| 갈등의 이면에 있는 이슈를 탐색, 이해한다. | [조금 다른 질문을 드리겠습니다. 후배나 동기가 다른 사람과 인간관계에 문제가 있을 때, 본인이 조언(해결)해 주었던 사례를 말씀해 주십시오.]

✔ 문제의 원인을 파악하기 위하여 구체적으로 어떻게 하셨습니까? | 1. 타인에게 의견을 묻지 않고 갈등의 원인에 대하여 자기 나름대로 추측하여 판단한다.
2. ＿＿＿＿＿＿＿＿＿＿
3. 갈등과 관련된 주요 이슈들을 파악하기 위하여 질문한다.
4. ＿＿＿＿＿＿＿＿＿＿
5. 갈등의 핵심 이슈들 및 그 이면에 내포된 원인을 잘 이해하기 위하여 탐색 질문을 한다. |

타인을 탓하기보다는 갈등을 해소하는 데 초점을 맞춘다.	✔ 문제를 해소하기 위해 구체적으로 어떻게 하셨습니까?	1. 해결책을 찾기보다는 상황에 따라 타인을 탓하는 것에 관심을 둔다. 2. _______________ 3. 갈등을 해소하는 것에 대화의 초점을 두지만 이따금 타인을 탓하기도 한다. 4. _______________ 5. 해소책 및 갈등으로부터 배울 수 있는 교훈에 지속적으로 관심을 둔다.

☞ 새로운 문제 발생 시 문제를 해결하기 위하여 정보 획득 등 본인이 취했던 경험에 대하여 설명하여 주시기 바랍니다.

다양한 정보 및 데이터를 종합하여 정확한 예측 및 결론을 내린다.	✔ 결론을 내리기에 찾아낸 정보는 충분했습니까? 불충분했다면 추가로 필요한 정보는 무엇이었으며, 최종 결정에 어떤 도움을 주었을까요?	1. 불완전한 정보를 바탕으로 미숙하거나 부정확한 예측을 한다. 2. ___________________ 3. 즉시 수집 가능한 정보만을 활용하여 대체로 맞는 예측 및 결론을 내린다. 4. ___________________ 5. 다양한 데이터를 활용하여 정보의 관련성 및 한계성을 평가하고 필요한 추론과정을 거친 뒤 유용하고 정확한 결론을 내린다.
의사결정 시 정보 및 데이터의 비즈니스 관련성 또는 임팩트를 평가한다.	✔ 결정을 내릴 때, 본인의 미래나 주변 사람들에게 그 결정이 어떤 영향을 미칠 것이라고 생각하셨습니까? ✔ 그런 결정을 위해서 평소에 축적해 온 정보들이 있었습니까? 있었다면 그 정보들이 결정을 내릴 때 어떤 도움을 주었습니까?	1. 정보가 가지는 비즈니스 관련성 또는 임팩트를 고려하지 않고 결정을 내린다. 2. ___________________ 3. 정보가 가지는 비즈니스 관련성 또는 임팩트를 파악한 뒤 의사결정 시 고려한다. 4. ___________________ 5. 장기간에 걸쳐 정보를 모니터함으로써 비즈니스 패턴 및 임팩트를 확인하고 의사결정 시 이를 반영한다.

다음으로 제시하는 내용은 실제 면접에서의 질문과 답변에 대한 사례이다.

질문의 유형을 보면 한 질문으로 끝나는 것이 아니라 답변을 듣고 그 답변에 대해서 연관된 질문을 하는 것을 볼 수 있다. 이런 유형의 질문이기 때문에 지원자로서는 하나의 질문에 조금 과장되거나 본인이 해보지 않은 경험을 이야기하게 되면 낭패를 보게 되는 것이다. 역량 면접의 유형별 질문에 대한 정답은 없다. 그리고 어떤 유형의 역량 관련 질문이 나올 줄 모르기 때문에 그 정답을 예측할 수 없다. 다만, 이런 유형의 질문에 익숙해지고 그 경험을 가진다는 것만으로도 어렵게 느껴지는 역량 면접에서 조금은 쉽게 풀어갈 수 있는 해답이 보일 것이다.

1. 여럿이서 함께 어떤 목적을 가지고 일을 했던 경험에 대해 말씀해 주십시오.	1. 학교 다닐 때 수업시간에 팀을 짜서 과제 활동을 한 경험이 있습니다.
2. 어떤 수업이었고 과제 내용은 무엇이었습니까?	2. 심리조사방법론 시간이었고 남·녀의 성경험시기에 대한 조사 및 결과 Report를 써내는 과제였습니다.
3. 당신은 어떤 과제·역할을 담당하였습니까?	3. 팀의 리더 역할로서 전체 과제 수행을 위한 Outline을 잡고 진행상황을 체크하며, 최종결과 Report를 쓰는 역할이었습니다.
4. 과제 수행 시 어려운 점이나 문제가 있었습니까?	4. 조사를 위해 Sample을 구해야 하는데 응답해 줄 Sample을 구하기가 매우 어려웠습니다.

5. 팀원들 간의 갈등은 없었습니까?	5. 있었습니다. 팀원 중 한 사람과 나머지 팀원 간의 갈등이 있었습니다.
6. 무엇이 문제였습니까?	6. 한 팀원이 매번 약속시간에 늦고 또 자신의 할 일을 제대로 하지 않아 피해를 주고 있었고 이 때문에 다른 팀원들은 그 사람을 팀에서 빼자고 하는 상황이었습니다.
7. 그러한 어려움이나 갈등을 어떻게 해결하였습니까?	7. 문제를 일으킨 팀원에게 다시 한 번 기회를 줬고 결과적으로 자신의 역할을 다 해서 잘 마무리 되었습니다.
8. 구체적으로 당신이 한 역할은 무엇입니까?	8. 우선, 나머지 팀원에게 문제의 팀원을 만나서 자초지정을 들어보고 결정하자고 설득하였고, 문제를 일으킨 팀원을 만나서 이야기를 들었습니다. 그동안 어머님이 편찮으셔서 간호하느라 참여할 시간이 없었는데, 이제 누님이 오셔서 시간을 낼 수 있다고 했고 나머지 팀원들과 회의를 통해서 다시 한 번 기회를 주었습니다.
9. 당신은 그러한 결과로부터 어떤 것을 느꼈습니까?	9. 제가 섣부르게 문제의 팀원을 빼자고 결정을 내렸다면 저희들 간의 관계는 나빠졌을 것이고 결과는 좋지 않았을 것입니다. 타인의 이야기를 듣는 것이 중요하다는 것을 알았습니다.

비구조화된 면접 방식은 면접관이 입사 지원서 내용을 보고 후보자별로 궁금한 사항을 질문하는 방식으로 진행되는 면접 방식이다. 그렇지만 면접관이 입사 지원서 내용을 보고 그냥 질문하는 것처럼 느껴지더라도 그 질문에는 의도하는 바가 있기 때문에, 왜 그런 질문을 하는지 그리고 어떤 답변을 원하는지 진지하게 고민하고 대답해야 한다. 워낙 질문 이후에 답변을 정리할 수 있는 시간이 짧아서 많은 고민과 생각을 하지 못하겠지만, 그 순간 머리에서 정리할 수 있는 능력을 사전에 노력을 통해서 키우는 것이 중요하다.

일반적으로 비구조화된 질문에서 흔하게 물어보는 질문의 유형은 크게 3가지로 나누어 볼 수 있다. 질문 내용은 지원서 내용에서 크게 벗어나지 않는다는 것이 특징이라고 할 수 있다.

첫 번째는 개인의 역사에 대한 질문이다. 가장 기본적인 질문이다. 간단한 자기소개를 요청하는 단계이면서, 지원자에 대한 가족 관계 등에 관해서 기초적인 질문을 한다. 가장 많이 하는 질문으로는 지금까지 살아오면서 경험했던 성공 사례 또는 실패 사례, 역경이 있었다면 그 역경을 어떻게 극복했는지를 많이 물어본다. 그러면 면접관이 왜 이런 유형의 질문을 하는지 생각해야 한다. 과연 면접관은 지원자의 어떤 점을 보기 위해서 이런 질문을 하는 것인지에 대해 생각하고 답변을 찾아야 한다. 지원한 업무에 따라 같은 질문에서 요구하는 답변이 관점에 따라 다를 수 있다.

예를 들면, 재무 관련 업무라면 개인의 힘든 상황보다는 안정적인 생활을 하였는지가 요구하는 답변이 될 수 있고, 영업 관련 업무라면 많은 사람을 만나고 그 과정에서 어려웠던 점을 슬기롭게 헤쳐 나갔던 이야기를 요구할 수 있다. 그 해당 직무에서 요구하는 능력과 기업이 가지고 있는 조직 문화에 따라 요구하는 답변을 정리해서 대답해야 한다.

부모님 직업과 관련된 질문도 이 단계에서 질문할 수 있다. 부모님의 직업이 조금 특수한 경우에는 부모님 직업과 관련해서 본인의 생각을 정리할 필요도 있다.

또한 면접에서 가장 중요한 첫 인상을 보는 단계이기도 하다. 면접과정은 질문하고 대답하는 커뮤니케이션만을 보는 자리가 아니다. 처음 면접실로 들어오면서부터 면접은 시작되었다고 생각해야 한다. 걷는 자세, 앉은 자세, 말하는 자세에서 표정, 제스처 등 모든 것들이 면접의 일부가 된다. 첫 인상이라는 것은 얼굴이 잘 생겨서 좋은 인상을 갖는 것이 아니라, 바른 용모와 표정 등 종합적인 태도로부터 좋은 인상이 생기는 것이다.

지각하는 사람	이유가 없다. 적어도 10분 전에 도착하여 옷매무새를 정리하고, 분위기를 파악하여 여유를 가져야 한다.
앉으라고 할 때까지 기다리지 않는 사람	자기 멋대로 자리를 찾아 재빠르게 앉으면 무례하게 보인다.
옷을 매만지거나 머리를 긁는 사람	아무리 버릇이라고 해도, 침착하지 못하고 자신이 없는 사람으로 보인다.
수식어를 지나치게 사용하는 사람	핵심이 없는 대답이 되기 쉽다.
질문이 떨어지자 마자 바쁘게 답변하는 사람	2~3초의 여유를 두고 정리하여 대답한다.
시선을 집중하지 못하는 사람	주의력이 산만해 보인다.
잘못 답변한 것 같다고 두리번거리는 사람	주관이 없고 소심해 보인다.
면접위원의 책상 위에 놓여 있는 서류에 신경 쓰는 사람	다음 질문에 대한 긴장감을 잃는다.
농담하는 사람	면접위원이 농담이나 유머를 사용해도, 경망스럽지 않도록 진중하게 답한다.
너무 장황하게 답변하는 사람	이해력이 부족하거나 논리적인 사고가 부족하게 보인다.

답변하지 않는다고 고개를 숙이거나 먼 산을 바라보는 사람	임기 응변력이 없고 패기가 부족하게 보인다.
답변에 얼버무리는 사람	무기력하고 불성실해 보인다. 모르면 모르는 부분을 정확히 표현한다.
자신 있다고 너무 큰 소리나 빠르게, 많은 말을 하는 사람	질문의 핵심을 놓치거나 가벼운 사람으로 보일 수 있다.
면접위원이 서류를 검토하는 동안 말하는 사람	예의가 없고 경망스럽게 보인다.
면접위원을 압도하려고 하는 사람	자신감과 용기로 평가되지 않는다. 무례하고 독단적인 사람으로 보인다.
면접실에 다른 사람이 들어온다고 일어 서는 사람	회사에서 급한 일로 면접위원을 만나러 면접실에 들어오는 사람이 있다. 그렇다고 그 사람에게 관심을 보이거나 자세를 흐트러지지 않도록 한다.
대화를 질질 끄는 사람	따지는 것처럼 보이거나 이해력이 부족해 보인다.
연설하는 식으로, 군대식으로 답변하는 사람	대화에 경험이 없어 보인다. 매끄럽고 상냥한 대화법으로 다듬는다.
자신의 배경을 들먹이는 사람	의타적이며 자신의 능력이 부족해 보인다.
최종 결정이 되기 전까지 급여나 보수, 직급에 대하여 말하는 사람	면접 결과가 실제로 어떻게 될지 모르는 상황에서 이런 이야기를 꺼내면, 보수나 근로조건에 따라 다른 곳으로 갈 사람으로 보인다.

눈	입사의지와 의욕판단
말	• 말투가 또박또박함: 침착 • 말이 빠름: 성격이 급함 • 말투가 충동적: 반항적 • 말을 더듬음: 마음이 초조, 긴박함 • 다른 사람 말에 끼어듦: 자기중심적, 비협조적
걸음걸이	• 바른 자세로 점잖게 걸음:마음이 크고 안정적 • 어수선한 걸음: 불안, 자신감 없음
앉은 자세나 버릇	• 사람을 대할 때 얼굴을 외면:자신감, 신뢰감 부족 • 손으로 여러 가지 제스처를 사용: 적극적
퇴장하는 태도	• 먼저 나가려고 서둠: 조급, 소심, 자신감 부족 • 퇴장하면서 의자, 문을 걷어차거나 부딪힘: 불안정, 침착성 부족

들어가려는 회사와 업무에 대해 철저히 조사하였는가	지원 회사의 경영이념, 회사연혁, 대표적인 상품, 매출현황이나 계열사 등을 알고 있는지 확인해야 한다. 아울러 자신이 지원한 부서에서 어떤 일을 하는지의 여부까지 알고 있다면 기본적인 준비를 했다고 판단할 수 있다.
면접 관과 눈을 마주치는가	눈싸움으로 면접의 기선을 먼저 제압하려는 자신감이 있는가를 확인해야 한다. 눈을 마주치는 것은 자신감과 집중력을 말한다. 고개를 밑으로 떨구고 있거나 눈을 이리 저리 움직이며 상대방을 똑바로 바라보지 못하면, 자신감이 없고 성격적으로 뭔가 문제가 있는 것으로 판단할 수 있다.

회사에 대한 관심과 열정을 표현하는가	지원회사의 장단점을 분석해서 같은 업종에 있는 다른 회사를 제치고 굳이 이 회사를 택한 이유를 열정적으로 피력하는 인재는 열정이 넘치는 사람이라고 판단할 수 있다.
프로처럼 옷을 입었는가	지원하는 회사 분위기와 걸맞은 옷을 입었는가를 판단한다. 기업의 분위기를 아는 것은 사전에 기업 조사와 더불어 조사 결과에 대한 지원자의 센스를 파악하는 기준이 될 수 있다.
답변을 길게 하는가	대답이 길어지면, 자신의 논점을 놓치는 경향이 강해지며, 타인을 배려하는 배려심이 결여되었다고 판단할 수도 있다.
질문이 분명치 않을 때, 다시 물어보는가	지원자의 적극성과 논리성을 확인해 볼 수 있다. 질문의 의도도 잘 파악하지 못하고 횡설수설하는 것보단 정확한 질문을 파악하는 지원자가 업무에 있어서도 깔끔한 업무처리능력을 보유하고 있을 가능성이 높다.
자신 있게 자신을 파는가	지원자의 지금까지 경력이 앞으로의 회사생활에 어떤 영향을 줄 수 있을지 이야기 하는가를 확인할 수 있다.
예리한 질문을 던지는가	회사에 앞으로 관심을 가진 사업이나 방향에 대해 조사했는가 확인할 수 있으며, 기업이 속한 업종에 대한 관심도를 측정할 수 있다.
감사 메시지를 보내는가	회사에 대한 지원자의 특별한 관심도를 측정할 수 있으며, 인성을 평가 할 수 있는 추가적 요소이다.

두 번째는 개인의 능력에 관련된 질문이다. 가장 흔한 질문은 성격의 장단점에 관한 것이다. 성격에 관한 질문도 모든 질문이 의도가 있듯이, 지원한 업무와 회사와의 정합성을 보기 위한 질문이므로 사전에 준비를 해야 한다. 사전에 준비하라는 것은 미

리 답변을 만들어서 외워서 이야기하라는 것이 아니다. 몇 가지의 시나리오를 준비하고, 해당 당일 살필 수 있는 조직 분위기 등을 고려해서 준비된 시나리오대로 면접에 대응하는 것이 중요하다. 성격의 장단점을 이야기하라면 거의 단답형으로 이야기하는 지원자들도 종종 보이는데, 이는 요구하는 답변이 아니다. 성격의 장단점을 이야기하면서 왜 그렇게 생각하는지를 설명을 해야 한다. 처음 보는 사람인데 자신의 성격에 대해서 단답형으로 이야기한다면 듣는 사람들의 신뢰도가 얼마나 될지 생각해 보면 지극히 당연한 이야기다.

동아리활동이나 봉사활동, 아르바이트 경험 또는 해외 경험 등에 관련된 질문을 할 수도 있다. 이런 경험 역시 해당 직무와 관련된 답변을 하는 것이 좋은 방법이다. 아르바이트 경험이라고 과외를 했다고 적어 놓으면 면접관 입장에서는 별로 질문할 내용이 없다. 여러 지원자가 함께 동석한 면접에서 유독 한 지원자에게만 면접관들이 외면하는 것을 볼 수 있는데, 사실 그 한 명의 지원자인 경우에는 지원서 내용에서 그다지 많은 질문 거리가 없기 때문에 나타난 결과라고 할 수 있다. 그런데도 그 후보자는 면접실에서의 분위기가 좋지 않았다고 불만을 하는 경우도 있다. 여하튼 이러한 여러 경험도 자신의 업무와 관련해서 왜 이런 경험을 했는지를 이야기하는 방식으로 풀어가는 것이 적합한 답변이 될 것이다.

세 번째는 개인의 미래나 가치관에 대한 질문이다. 가장 흔한 질문은 회사를 선택하게 된 이유 또는 해당 업무를 선택하게 된 이유에 대한 질문이다. 이 유형의 질문은 회사와 업무에 대한 열정을 보기 위해서 하는 질문이라고 할 수 있다. 제대로 답변하려면 해당 회사에 대한 정보를 미리 알고 있어야 한다. 해당 회사의 홈페이지, 신문 내용 등을 참고하여 가능한 많은 정보를 접하고 그 정보를 바탕으로 회사 지원 이유에 대한 답변을 해야 한다.

지원한 업무에 관해서는 자신이 그 업무를 위해서 어떤 것을 준비하였는지 그리고 회사에서 그 업무를 통해서 어떤 성과를 낼 수 있는지에 대한 이야기로 풀어나가는 것이 좋다.

미래의 자신의 비전에 대한 질문도 자주 하는 질문이다. 10년 뒤 자신의 모습을 그려보라고 이야기하는 유형의 질문들이다. 비전이 없는 사람은 그 만큼 준비를 못한 사람으로 비추어질 수 있다. 정확한 목표를 이야기함으로써 준비된 사람이라는 이미지와 회사에서 앞으로 어떻게 생활할 것인지를 명확히 이야기해야 한다. 후보자의 가치관을 보기 위한 질문이기 때문에 건전한 가치관의 소유자라는 관점에서 이야기를 풀어가야 한다.

면접에서 흔한 질문의 구분을 3단계로 이야기했지만, 같은 맥락이라도 질문의 유형은 여러 가지가 있다. 질문을 명확히 듣고, 혹시라도 제대로 이해가 안되면 재질문을 해서 면접관의 의도를 아는 것이 면접 전형의 원칙이다.

기타 다른 질문들도 있을 수 있다. 예를 들면 취미나 혈액형 관련된 질문, 신변 잡기적인 질문 등이 있을 수 있는데, 이런 유형의 질문들은 후보자의 긴장을 풀어주기 위해서 의도적으로 하는 질문이기 때문에 너무 진진하게 받아들일 필요는 없다.

　면접 마무리에서 대부분의 면접관들은 마지막으로 하고 싶은 이야기가 있으면 해보라고 하는 경우가 있다. 사람은 처음과 마지막에 남는 이미지로 그 사람들 평가하기도 한다. 면접의 긴 시간 속에서 다른 부분은 기억을 못하는데 첫 인상과 마지막의 열정을 기억하기도 한다. 그래서 마지막으로 준 기회를 후보자들은 최종의 열정을 보여 줄 수 있는 기회라고 생각해야 한다. 질문이 없다고 이야기하는 사람과 회사에 대해서 그리고 업무에 대해서 궁금한 점을 물어보는 사람에 대한 평가가 최종적으로 바뀔 수 있다. 그냥 무조건 열심히 하겠다고, 이 회사에 뼈를 묻겠다는 이야기는 자제하기 바란다. 그런 대답을 믿을 면접관은 이 세상에 한 명도 없다는 것을 지적하고 싶다.

회사 관련 지식	① 우리 회사 윤리강령의 3대 이념은 무엇입니까? ② 우리 회사의 경영방침에 대해 아는 바가 있습니까? ③ 품질 경영함에 있어 우리 회사가 추구하는 무결점의 목표 수준을 한마디로 표현하면 무엇이라고 말할 수 있나요? ④ 우리 회사(제품)를(을) 이용하신 적이 있나요? 이용경험이 있다면 다른 업체에 비해 무엇이 다르던가요? ⑤ 타사와 차별화할 수 있는 마케팅 전략에는 무엇이 있겠습니까?
개인신상에 관한 사항	① 당신의 성격상 장–단점을 말해보세요. ② 자신의 성장과정과 생활신조를 간략하게 말해보십시오. ③ 전공분야에서 가장 관심을 두고 공부한 과목은 무엇입니까? ④ 영어로 당신의 가족을 설명해보세요. ⑤ 마지막으로 자기 PR을 해보세요.
자기계발 노력에 관한 사항	① 면허나 자격증은 몇 개나 있으며 어떤 것들을 가지고 있는지 설명하시오(준비한 이유, 용도, 시험준비 등). ② 회사에서 건축, 토목, 전기 등의 자격증에 대해서는 급여적인 측면에서 우대하고 있다면 당신 생각에는 이러한 제도가 왜 필요한 것 같습니까? ③ 퇴근 이후 또는 휴일 시간은 주로 어떤 일들을 하며 보냅니까? ④ 자기계발을 위해 무엇을 노력했으며, 현재 하고 있는 것은 무엇이 있습니까? ⑤ 가장 최근에 읽은 책이 있다면 서평(書平)을 해주시겠습니까?

사고의 깊이와 넓이에 관한 사항	① 당신이 면접위원이라면 무엇을 물어보겠습니까?
	② 당신이 최고경영자라면 어떤 방법으로 직원을 채용하겠습니까?
	③ 주 5일 근무실시에 따른 파급효과와 이 업종의 사업에 미칠 영향에 대해 설명해보세요.
	④ 21세기에 나타날 가장 큰 사회적 변화는 무엇이라고 생각합니까?
	⑤ 리더십의 중요한 요소를 설명하고, 자신이 리더십을 발휘한 사례를 들어보세요.
협조성, 성실성에 관한 사항	① 직장은 어떤 곳이며 귀하는 직장에서 어떤 존재라고 생각합니까?
	② 평생직장이 아닌 평생직업을 추구하는 경향이 있습니다. 이것의 문제점과 해결책 방안은 무엇일까요?
	③ 일 때문에 밤늦게까지 남거나 휴일도 쉬지 못하고 일하는 것에대해 어떻게 생각하십니까?
	④ 자신이 전혀 희망하지 않는 근무지로 배치되었을 때 어떻게 하겠습니까?
	⑤ 사회 봉사활동 경험은 있습니까? 있다면 계기는 무엇이었으며 결과는 어떠했습니까?
위기 대응 능력에 관한 사항	① 고객이 회사에 대해 불만을 토로하며 이를 공개하거나 고발하겠다고 합니다. 이런 상황에서 회사는 그 고객에게 어떻게 처리해줘야 된다고 생각하십니까?
	② 상사로부터 업무를 지시 받았는데 귀하의 능력으로는 도무지 처리할 수 없는 일은 어떻게 처리하겠습니까?
	③ 정말 친한 동료 또는 상사인데 부정한 행위를 하는 것을 목격하였다면 당신은 어떻게 하겠습니까?
	④ 성장해 오면서 가장 불행했다고 생각되는 시절은 언제였으며, 이를 어떻게 극복하였습니까?
	⑤ 입사 후 당신은 앞으로 몇 년 정도나 근무할 생각입니까?

최근 각 분야에서 자신의 아이디어를 상대방에게 전하는 능력을 중요하게 여기는 곳이 늘면서 설득의 힘이 경쟁력으로 자리 잡고 있다. 이 때문에 기업들이 신입사원 채용 시 프레젠테이션 면접을 중요시하고 있다. 일정 주제를 놓고 혼자 발표하는 과정을 통해 지원자들의 발표력, 논리력, 설득력, 창의성, 의사소통 능력 등을 종합적으로 판단할 수 있기 때문이다.

프레젠테이션 면접은 지원하는 분야와 관련된 전문적이고 기술적인 면접 질문이 출제된다. 프레젠테이션이 전공 및 실무 능력을 파악하는 데 중점을 두기 때문이다. 따라서 직무별로 전문적인 주제에 대하여 자신의 의견, 지식, 경험 등을 동원하여 주장을 펴고 설득력 있는 이유를 설명할 줄 알아야 한다.

질의응답식이 아니라 일정 주제에 대해 일정 시간 동안 지원자의 발언 위주로 진행되기 때문에 면접관은 응시자의 발표하는 모습을 면밀하게 관찰한다. 손동작이나 눈길, 자세 등에도 유의해야 한다. 프레젠테이션 면접은 20~30분 정도 발표시간을 준다.

프레젠테이션 면접은 정확한 답이나 지식보다는 논리적 사고와 의사표현력이 더 중요시된다. 어떻게 설명하느냐가 더욱 중요하다.

기업별로 차이는 있지만 대개 전문지식과 시사성과 관련된 주제를 많이 낸다. 평소 지원하는 업계 동향이나 지원 직무에 대한 전문 지식을 쌓아두는 것도 도움이 된다.

대기 시간 중에 몇 개의 주제를 주고 그중 하나를 응시자 본인이 골라 일정 시간 후 해당 주제에 대한 견해를 서론, 본론, 결론으로 나눠 자신의 논리를 전개한다. 이때 자신의 의견, 지식, 경험 등을 동원하여 주장을 펴고 설득력 있는 이유를 설명해야 한다. 지나치게 긴장하거나 당황해서 말을 흐리거나 자신 없는 태도를 보여서는 안 된다.

부적절한 용어 사용이나, 무리한 주장은 사용하지 말아야 하며 자신의 논리를 면접관이 수긍할 수 있도록 일목요연하게 발표해야 한다. 깔끔한 복장은 기본이고 시선 처리, 손동작, 목소리 톤의 조절 등에 유의해야 한다.

삼성전자	문제를 던져준 뒤 지원자들이 40분 정도 정리할 시간을 준 다음 7~10분 정도 발표하게 한다. 지원자의 발표 이후에는 면접관 4명이 10~15분간 지원자에게 관련 질문을 하는 방식으로 진행된다. 문제는 지원하는 분야와 관련된 과제가 주어진다.
LG전자	20분간 정리할 시간을 준 후 3분 정도 발표하게 한다. 이때 응시자 2~3명과 면접관 4~5명이 참석, 면접을 진행하게 된다. 면접 질문은 응시자의 직무역량을 평가하기 위한 것으로 지원분야에 따라 면접 주제에 차이가 있다.
교보생명	30분간 면접 주제에 대해 정리할 시간을 준 뒤 5분간 발표하도록 하고 있다. 5명의 응시자와 4~5명의 면접관이 참여하며, 응시자의 발표가 끝나면 다른 응시자와 면접관이 15~20분간 질문을 던지고 답하는 방식으로 진행된다. 면접주제는 지원하는 분야에 따라 다르다. 면접을 통해 지적 사고능력, 문제 해결능력, 의사 소통능력, 기획력, 윤리의식, 혁신성향, 기업가적 사고, 고객 지향성등을 판단한다.
하나은행	지원자 1명당 면접관 3명이 면접을 진행하게 된다. 면접 주제는 지원하는 분야에 따라 차이가 있으며 학술적인 것보다는 시사적인 주제가 주어진다.

① 주어진 시간을 충분히 쓰되 시간 내에 결론에 도달하라.

② 발표를 시작할 때 목차를 정리해 말해줘라.

③ 도입에서 문제제기는 간단명료하게 하라.

④ 자신감 있는 목소리가 중요하다.

⑤ 파워포인트로 작성할 경우 한 페이지에 7줄을 넘지 마라.

⑥ 추측성 발언 및 추측 데이터는 내놓지 마라.

⑦ 참신한 아이디어와 논리성을 보여줘라.

⑧ 손동작은 결정적일 때만 가볍게 해라.

후보자들이 가장 궁금해하는 것은 과연 면접에서 어떤 질문을 하느냐는 것이다. 어떤 사이트를 방문하면 면접 후기나 댓글 등을 통해서 회사의 면접 질문 족보라고 공개하는 경우도 있는데 그 내용은 맞을 수도 있고 틀릴 수도 있다. 한 회사의 면접 족보가 인터넷에 공개된다면, 채용 담당자들도 당연히 그 내용을 접하게 된다. 그 내용을 접한 채용 담당자는 당연히 질문의 유형을 바꾸려고 하기 때문에 면접 족보가 맞을 수도 틀릴 수도 있다는 것이다. 이러한 확률만을 가지고 면접에 접근하게 되면 자신의 운명이 복권에 비유되는 사람이 될 것이다.

그리고 개인의 경험을 토대로 역량을 알아보는 역량면접은 개인의 경험이 다 다르므로 면접 족보가 있다 하더라도 별로 의미가 없다. 역량 면접의 특징은 하나의 경험을 바탕으로 연관된 질문을 지속적으로 하는 것이기 때문에 질문을 알고 대답을 준비한다고 해도 어떤 고리를 가지고 질문이 들어오는지를 모르기 때문이다. 그래서 면접에 대한 족보를 아는 것도 중요하지만 자신의 가치관과 해당 회사와 업무에 대한 지식 등을 기반으로 자신을 무장하고 면접에 접근하는 것이 타당한 방법이라는 생각이다.

다만, 회사에서는 면접을 구분하는데 실무면접과 임원면접으로 구분하는 기준 정도를 알고 있어야 마음의 준비가 될 수 있을 것이므로 그 기준에 대해서만 이야기하고자 한다.

실무면접은 다른 말로는 1차 면접, 역량 면접, 팀장 면접이라고 하는데 지원자의 능력이나 역량, 경력사원이라면 전문성을 확인하는 절차라고 할 수 있다. 역량 면접이라고 표현을 쓰는 회사인 경우에는 역량 면접에 대한 준비를 사전에 별도로 해야 한다. 보통은 해당 직무에서의 열정이나 준비도 등을 면접을 통해서 알고자 하는 단계라고 생각을 하면 된다.

임원면접을 2차 면접, 인성면접이라고 이야기하기도 한다. 임원면접에서는 회사와 지원자의 정합성을 보는 면접이라고 볼 수 있다. 단지 성실성이나 도덕성을 보는 것이 아니라 회사가 가지고 있는 조직문화나 지향하는 조직 문화와의 정합성을 본다고 생각하면 된다.

협조성	① 자신이 협조정신이 있다고 생각하십니까? [청취] 그렇게 생각하신 이유는 무엇입니까? ② 본인의 업무로 인하여 상당히 스트레스를 받고 있다. 그러한 상황에서 동료 사원으로부터 업무적 부탁을 받을 시 어떻게 하겠는가?
지도성	① 자신이 리더십이 있는 편이라고 생각하십니까? [청취] 그렇게 생각하신 이유는 무엇입니까? ② 당신에게 영업소 소장이라는 직책이 주어진다면 어떻게 영업소를 운영해 나가겠는가?
공감성	① 당신의 친구와 사소한 일 때문에 갈등이 생겼다면, 어떻게 행동하겠는가? ② 당신은 친구가 많습니까? [청취] 왜 그렇다고 생각하십니까?
사교성	① 상사와 의견대립이 있을 때 어떻게 풀어갑니까? ② 보통 친구들과 대화 시 의견을 경청하는 편입니까? 아니면 적극적으로 본인의 의견을 말하는 편입니까?
적극성	① 우리회사에 입사를 한다면 어느 방면에서 회사에 공헌할 수 있다고 생각하십니까? ② 학창 시절 자신이 주도적으로 실행했던 일을 소개하고 결과를 말해 보세요.
신중성	① 본인의 어떤 모임의 장인데, 의견이 양측으로 갈렸다면 어떻게 조절할 것인가? ② 업무로 인하여 과도한 스트레스 발생 시 본인만의 해결책이 있습니까? 있다면 말씀하여 주시기 바랍니다.
책임성	① 당신이 부실 기업의 대표이사이다. 기업 파산 시 당신은 어떠한 행동을 취하겠는가? ② 기업의 사회적 책임은 무엇이라고 생각하십니까?

활동성	① 봉사 활동의 경험을 말해 보시오. ② 본인의 성격에 대하여 말씀하여 주시기 바랍니다.
인내성	① 일을 함에 있어 동료가 하는 일마다 반대한다면 어떻게 하겠는가? ② 본인에게 인생의 목표가 있습니까? 있다면 그 목표를 달성하기 위하여 본인은 어떠한 행동을 취하고 있습니까?
사려성	① 병을 앓은 부모를 모시는 사람이 있다. 그는 부모에게 효도를 다하기 위해 회사에 결근과 조퇴가 매우 잦다. 당신이 이 회사의 사장이라면 이 사람을 감원할 것인가? ② 2020년 한국에서 가장 잘 나가는 직업은 무엇이라고 생각하십니까?
자주성	① 만일 졸업 후 취업의 길이 막혀서 취업을 못하게 된다면, 그 상황을 본인은 어떻게 해결하겠는가? ② 의사 결정을 해야 하는 경우, 본인의 판단에 따라서는 타인에게 해가 될 수 있으며, 또 다른 결정을 하는 경우 본인에게 해가 될 수 있다. 이러한 경우 어떠한 판단을 하겠습니까?
용모 / 태도 (관찰 평가)	① 표정이 밝고, 자연스러운가? ② 질문에 성실하게 답변하는가? ③ 자신에게 불리해도 솔직하게 말하는가? ④ 발음이나 억양이 알아듣기 쉬운가? ⑤ 자세가 바르고 예의가 있어 보이는가?

고등학교 시절에 부모님이나 선생님들이 하시는 말씀 중에 가장 자주 하시는 말씀이 '지금은 공부를 하고 대학에 가서 하고 싶은 일을 해도 늦지 않는다.' 라는 이야기이다. 그렇지만 현실은 대학을 졸업하고 나면 취업이라는 새로운 관문이 기다리고 있기 때문에 대학에서도 고등학교에서 하는 것 이상으로 공부를 해야만 한다. 대학 졸업 후 취업하고 나면 마음 편하게 놀 수 있을 것이라는 환상이 생기는데 아예 이런 환상도 가지지 않는 것이 좋다. 취업하면 조직의 구조상 수직적인 관계에서 위로 올라가야 하는 사다리에 매달리게 되기 때문에 다시 공부할 수밖에 없다. 그러면 인생이 무척이나 고달픈 삶이 아닌가라는 생각이 들겠지만 어차피 인생이라는 것이 공부를 할 수밖에 없는 삶이라면 그 삶을 즐길 수 있는 여유를 가져야 한다.

지금은 기술적인 발달의 영향도 있겠지만 일과 놀이에 대한 경계가 없다고 이야기를 한다. 일과 놀이에 대한 경계가 없다는 것이 인간에게 더운 무거운 짐을 가지라는 의미로만 해석하면 인생이 점점 힘들어질 뿐이다. 일과 놀이에 대한 경계가 없다는 말을 일 자체를 즐기라고 해석을 하면 조금 더 보람되고 즐거운 삶을 가질 수 있다.

현실적인 벽 때문에 취업이 어려워졌지만, 본인이 노력하면 넘지 못할 벽은 아니다. 그리고 지금 당장은 지원자가 원하지 않는 회사를 선택했더라도 또 다른 징검다리가 존재하기 때문에 기회는 항상 있다. 기회가 왔을 때 그 기회를 자기 것으로 만드는 사람만이 성공할 수 있다. 그래서 항상 준비한다는 생각으로 취업을 끝이 아닌 새로운 시작이라고 생각해야 한다.

① 생각에만 갇혀 꼼짝 못하는 사람이 아니라, 팀워크(Teamwork)를 잘 구축해 나가고, 직원들과 끊임없이 의견을 교환하며, 고정관념에 사로잡히지 않는 용기 있는 사람.

② 융통성 있고, 급변하는 떠들썩한 시대 속에서도 동요하지 않고 안전하게 기업을 이끌어 갈 수 있는 능력을 가진 사람.

③ 사건과 화제를 또 다른 관점에서 바라볼 수 있는 사람.

④ 언제나 얼굴 가득 미소를 머금고 있어, 웃음으로 남을 대하는 사람.

⑤ 이기적인 생각을 자제하고, 다른 사람들과 함께, 어려운 일을 잘 풀어 가는 사람.

⑥ 매사에 즐거운 마음으로 일하며, 지식을 남과 공유하고, 솔직하고 흔쾌히 일할 수 있는 사람.

⑦ 인간적인 됨됨이를 갖추고 성공하기 위해 스스로 최선을 다하며, 그 성공을 다른 이들과 함께 나눌 수 있는 사람.

⑧ 저지른 실수를 받아들이고, 이제까지 걸어온 길을 변화시키고자 하는 사람.

⑨ 아랫사람을 대할 때, 항상 마음을 열고 인정하며, 인간으로서 존중하는 태도를 가진 사람.

⑩ 사람들과 항상 격식 없는 관계를 유지하려고 노력하며, 직원으로서가 아니라 똑같은 사람으로서 함께 하려고 노력하는 사람.

⑪ 자신이 서 있는 바로 그 자리에서 최고가 되기 위해 끊임없이 노력하는 사람.

지원동기	• 우리회사를 생각하면 제일먼저 떠오르는 이미지는 무엇입니까?
	• 우리회사를 지망하게 된 동기는 무엇입니까?
	• 우리회사와 타회사에 모두 입사가 허락된다면 어떻게 하시겠습니까? 그 이유는?
	• 해당 직종의 지원동기는 무엇이며, 이를 위해 준비한 사항(자격증 등)은 무엇입니까?
	• 왜 우리회사에서 당신을 꼭 뽑아야 합니까?
	• 평소 당사에 대한 외부의 이미지는 어떻다고 생각하십니까?
	• 우리 회사를 알게 된 계기는 무엇입니까?
직업관	• 갑작스러운 일이 주어졌는데 사전에 다른 약속이 있다면 어떻게 하시겠습니까?
	• 직업 선택 시 최우선 고려 사항은?
	• 취직이란 당신에게 어떠한 의미가 있는가?
	• 전공과 취직(업무)과의 관계는?
	• 상사와 의견이 다를 경우 당신은 어떻게 하시겠습니까?
	• 신입사원으로서의 포부를 말씀해 보십시오.
	• 당신은 세계화에 대비해 어떠한 준비를 해왔습니까?
자기소개	• 본인의 취미생활은 무엇입니까? 그리고 특기가 있다면?
	• 가족관계는 어떻게 됩니까?
	• 본인의 장단점에 대해서 말씀해 주십시오.
	• 자신에게 있어 가장 소중한 것은 무엇입니까?(유형, 무형의 것 각각 1가지씩)
	• 본인의 성격은 어떻다고 생각하십니까?

학창시절	• 본인의 전공은 무엇이며, 전공을 선택한 이유는 무엇입니까? • 대학생활에서 가장 좋았던 점과 후회되는 점은 무엇입니까? • 학창시절 서클활동을 한 경험은 있습니까? • 대학시절 동안 당신이 얻은 것은 무엇입니까? • 당사에 지망하기 위해서 대학시절 동안 어떻게 준비해 오셨나요? • 평소 전공과 관련해서 작품발표나, 논문발표 또는 자신의 창작품을 만들어 본 적이 있습니까?
인생관	• 좌우명이 있다면 말씀하십시오. • 자신의 인생지표가 되는 사람이 있다면? 그 이유는? • 10년 후 당신의 모습을 그려보십시오. • 인생의 목표는 무엇입니까? • 자신의 인생목표를 달성하기 위하여 지금 어떤 준비를 하고 계십니까?
기 타	• 현재의 국가위기를 극복할 수 있는 3가지 방법은? (국가, 기업, 개인) • 오늘 자 일간지에 난 기사 중 가장 인상에 남는 것은 무엇이 있습니까? • 지금 당장 당신이 이 회사의 경영주가 된다면 어떤 일을 하겠습니까? • 휴가일장이 상사와 겹쳤습니다. 한 사람만 갈 수 있다면 당신은 어떻게 하시겠습니까? • 선약이 되어 있는 주말에 회사 일이 생겼습니다. 어떻게 하시겠습니까? • 당신이 생각하는 인재란? • 인터넷 취업Café 등에 우리 회사에 대한 여러 가지 평가가 나오는데, 당신의 의견은? • 당신에게 1개월이 주어진다면 가장 하고 싶은 것은 무엇입니까? • 대한민국의 출산율을 높이는 방법은 무엇입니까? • 당신의 이제까지 가장 귀중한 사회경험 및 경력은 무엇입니까?

사무직	• 사무직이란 어떤 일을 하는 직종이라고 생각하십니까? • 사무직 중 근무하고 싶은 부서 또는 직무 Part는? • 대학에서 배워 왔던 것을 당사에서 어떻게 활용하고 싶은가? • 한국 경제가 나아갈 길은? • 최종 합격단계에서 영업직으로 직종이 전환된다면 어떻게 하시겠습니까? • 원하지 않은 부서나 업무를 맡게 되면 어떻게 하시겠습니까? • 우리 회사 광고를 접하고 느낀 점은 무엇입니까?
영업직	• 영업이란 어떤 일을 하는 직종이라고 생각하십니까? • 본인이 좌절을 경험한 경우 극복한 방법이 있다면 무엇입니까? • 학창시절 아르바이트를 한 경험이 있다면 가장 기억에 남는 것은? • 영업의 생명은 무엇이라고 생각하십니까? • 전공 분야를 선택하지 않고 이 직종을 선택한 이유는? • 흔히 영업직을 3D업종이라고 하는데 본인의 생각은?
기술및개발직	• 본인이 가진 독특한 창의성이 있는 경우를 예로 들어보십시오. • 재학시절에 가장 흥미를 가지고 연구한 분야는? • 향후 사무기기 신제품 개발에 대한 본인이 생각하고 있는 Idea가 있다면? • 대학에서 배워왔던 것을 당사에서 어떻게 활용하고 싶은가? • (대학원 전공) 대학원 세부 전공과 논문에 대하여 설명해 주십시오. • 최종 합격단계에서 영업직으로 직종이 전환된다면 어떻게 하시겠습니까? • 본인의 전공과 다른 분야에서 근무를 한다면?

서비스 기술직	• A/S의 의미는 무엇이라 생각하십니까? • 휴일 or 근무시간외 A/S 주문이 들어온 경우 어떻게 대처하겠습니까? • 본인이 A/S한 제품에 대한 계속적인 A/S 요청이 들어오는 경우 어떻게 하시겠습니까?
훈련 실습 학생	• 보람 있는 일은 어떤 일이라고 생각합니까? • 학창시절, 가장 기억에 남는 것은? • 취미와 그 취미를 가지게 된 동기는? • 사회인이 되면 가장 먼저 하고 싶은 것은 무엇입니까? (무엇이었습니까?)
여성 지원자	• 근무시간 외에 잔업을 하게 되었을 경우, 남자친구와 Date가 있다면? • 회사에서 여직원의 역할에 대한 생각이 있다면? • 부서 내 차 심부름에 대해 어떻게 생각하십니까?
경력 사원	• 전직하게 된 동기는? 지원동기는? • 전 직장 경력사항 소개 • 사회 경력사항 중 가장 보람되고 내세울 만한 업적 소개 • 입사 후 포부 및 희망 부서, 직무는?

공무원	• 공무원 지원동기를 말해보시오. • 공무원들이 비리에 연루되는 이유가 무엇이라고 생각합니까? • 만약 지방으로 발령받는다면? • 공직생활과 개인생활 중 더 중요한 것은 무엇입니까? • 자신이 생각하는 공무원관은 무엇입니까?

광고업계	• 국내 광고대행사의 현황에 대해 말해보시오. • AD를 지망하셨는데, AD에게 요구되는 자질을 말해보시오. • 작업하다 보면 야근이 잦을 수밖에 없는데 괜찮겠습니까?
신문·방송	• 경제위기 극복을 위한 언론매체의 역할은 무엇입니까? • 우리 신문에 대해 비판할 점이 있다면 해보세요. • PD가 갖추어야 할 가장 중요한 덕목은 무엇이라고 생각합니까? • 아나운서가 갖추어야 할 것은 무엇이라고 생각합니까?
항공사	• 본사 비행기의 취항국 현황에 대해 말해보시오. • 스튜어디스를 지망한 특별한 이유가 있습니까?
건설회사	• 건축과 관련된 일을 해본 적이 있습니까? • 건설회사 직원의 갖추어야 할 것은 무엇이라고 생각합니까?
유통업계	• 백화점 업계의 당면 과제는 무엇이라고 생각합니까? • 마케팅 활동에서 특히 중요하다고 생각하는 것을 말해보세요. • 평소 처음 만난 사람과 잘 어울리는 편입니까?
은행	• 저희 은행을 지망한 동기는 무엇입니까? • 은행의 현황과 문제점에 대해 말해 보시오.
정보통신	• 컴퓨터 관련 업계의 매력을 한 가지만 말해보시오.
보험회사	• 보험회사의 현황을 간략하게 이야기해 보시오. • 라이프 사이클에 대하여 아는 대로 말해보시오.
증권회사	• 증권회사에 지원한 동기에 대해 말해보시오. • 주식과 관련된 용어 중 '공매도'라는 말이 있습니다. 공매도란 무엇인지 설명해 보시오.
무역회사	• 무역회사의 직원으로서 갖추어야 할 것은 무엇이라고 생각하는가? • 무역금융이란 무엇인지 설명해 보시오.

김인범

한국외국어대학교 졸업하였고, 고려대학교 노동대학원 인력관리학과 재학 중이다. 1995년부터 대림코퍼레이션에서 인사 업무를 하였고, 현재는 삼진선업에서 인사관리를 총괄하고 있다. 인사 전문가를 꿈꾸고 있으며, 전략적 인사 관리의 효과성, 현장 중심의 인사관리를 실현하기 위한 방법론에 대해서 연구와 고민을 하고 있다.
인사 실무와 이론을 통합한 새로운 인사 전문가의 로드 맵을 그리고 그 실천 방안으로 책을 쓰고, 외부 강의를 하고, 개인 홈페이지(http://www.hrchampion.net/)를 운영하고 있다.

『회사 7년차를 위한 관리자수칙 66』(2011)
『회사 3년차를 위한 직장생활수칙 66』(2010)
『기업성공의 핵심은 사람관리이다』(2010)
『리더가 꼭 알아야 할 실전 인사관리』(2009)
『인사 전략 이렇게 하면 된다』(2006)

이메일: ultrahrm@naver.com

이승찬

고려대학교 대학원에서 인사관리를 전공하였으며, 졸업 후 계속 인사 관련 경력을 쌓고 있다. 인사 전문가로서 채용 관련해서 업무를 계속 해 왔으며, 현재는 NHN㈜에서 인사운영팀장을 맡고 있다.

최용준

한국외국어대학교 경영정보학과를 졸업하고, 쌍용정보통신, 한국글로벌널리지㈜, ㈜윈스테크넷, ㈜아이티맨, 인터내셔날에스오에스코리아 등 국내 기업과 외국계 기업에서 다양한 경험을 하였으며 현재는 코리아브레인에서 컨설턴트로 활동 중이다.
직업을 찾거나 성공적인 이직을 희망하는 모든 사람들에게 길을 안내하는 등대 같은 역할을 하고 싶은 가슴 따뜻한 컨설턴트이다.

이메일: dreamcafe7@gmail.com
페이스북: www.facebook.com/dreamcafe007
트위터: @dreamcafe007

초판인쇄   2012년 2월 8일
초판발행   2012년 2월 8일

지은이   김인범 · 이승찬 · 최용준
펴낸이   채종준
펴낸곳   한국학술정보(주)
주소   경기도 파주시 문발동 파주출판문화정보산업단지 513-5
전화   031) 908-3181(대표)
팩스   031) 908-3189
홈페이지   http://ebook.kstudy.com
E-mail   출판사업부 publish@kstudy.com
등록   제일산-115호(2000.6.19)

ISBN   978-89-268-3024-6 13320 (Paper Book)
        978-89-268-3025-3 18320 (e-Book)

이담 Books 는 한국학술정보(주)의 지식실용서 브랜드입니다.